ORAÇÕES

Cícero

TEXTO INTEGRAL

TRADUÇÃO: Pᴱ ANTÔNIO JOAQUIM

COLEÇÃO A OBRA-PRIMA DE CADA AUTOR

ORAÇÕES

Cícero

TEXTO INTEGRAL

MARTIN CLARET

CRÉDITOS

© *Copyright* desta tradução: Editora Martin Claret Ltda., 2004.

IDEALIZAÇÃO E REALIZAÇÃO
Martin Claret

CAPA
Ilustração
Cláudio Gianfardoni

MIOLO
Revisão
Eliana de Fátima Rodrigues
Maria de Fátima C. A. Madeira

Tradução
Pe Antônio Joaquim

Projeto Gráfico
José Duarte T. de Castro

Direção de Arte
José Duarte T. de Castro

Editoração Eletrônica
Editora Martin Claret

Papel
Off-Set, 70g/m²

Impressão e Acabamento
PSI7

Editora Martin Claret Ltda. – Rua Alegrete, 62 – Bairro Sumaré
CEP: 01254-010 – São Paulo – SP
Tel.: (11) 3672-8144 – Fax: (11) 3673-7146

www.martinclaret.com.br / editorial@martinclaret.com.br

Agradecemos a todos os nossos amigos e colaboradores — pessoas físicas e jurídicas — que deram as condições para que fosse possível a publicação deste livro.

Impresso em 2012.

PREFÁCIO

A história do livro e a coleção "A Obra-Prima de Cada Autor"

MARTIN CLARET

Que é o livro? Para fins estatísticos, na década de 60, a UNESCO considerou o livro "uma publicação impressa, não periódica, que consta de no mínimo 49 páginas, sem contar as capas".
O livro é um produto industrial.
Mas também é mais do que um simples produto. O primeiro conceito que deveríamos reter é o de que o livro como objeto é o veículo, o suporte de uma informação. O livro é uma das mais revolucionárias invenções do homem.
A *Enciclopédia Abril* (1972), publicada pelo editor e empresário Victor Civita, no verbete "livro" traz concisas e importantes informações sobre a história do livro. A seguir, transcrevemos alguns tópicos desse estudo didático sobre o livro.

O livro na Antiguidade

Antes mesmo que o homem pensasse em utilizar determinados materiais para escrever (como, por exemplo, fibras vegetais e tecidos), as bibliotecas da Antiguidade estavam repletas de textos gravados em tabuinhas de barro cozido. Eram os primeiros "livros", depois progressivamente modificados até chegar a ser feitos — em grandes tiragens — em papel impresso mecanicamente, proporcionando facilidade de leitura e transporte. Com eles, tornou-se possível, em todas as épocas, transmitir fatos, acontecimentos históricos, descobertas, tratados, códigos ou apenas entretenimento.
Como sua fabricação, a função do livro sofreu enormes modi-

latim e o grego (reservadas aos textos clássicos e aos assuntos considerados dignos de atenção).

Nos séculos XVI e XVII, surgiram diversas literaturas nacionais, demonstrando, além do florescimento intelectual da época, que a população letrada dos países europeus estava mais capacitada a adquirir obras escritas.

Cultura e comércio

Com o desenvolvimento do sistema de impressão de Gutenberg, a Europa conseguiu dinamizar a fabricação de livros, imprimindo, em cinqüenta anos, cerca de vinte milhões de exemplares para uma população de quase cem milhões de habitantes, a maioria analfabeta. Para a época, isso significou enorme revolução, demonstrando que a imprensa só se tornou uma realidade diante da necessidade social de ler mais.

Impressos em papel, feitos em cadernos costurados e posteriormente encapados, os livros tornaram-se empreendimento cultural e comercial: os editores passaram logo a se preocupar com melhor apresentação e redução de preços. Tudo isso levou à comercialização do livro. E os livreiros baseavam-se no gosto do público para imprimir, sobretudo, obras religiosas, novelas, coleções de anedotas, manuais técnicos e receitas.

O percentual de leitores não cresceu na mesma proporção que a expansão demográfica mundial. Somente com as modificações socioculturais e econômicas do século XIX — quando o livro começou a ser utilizado também como meio de divulgação dessas modificações, e o conhecimento passou a significar uma conquista para o homem, que, segundo se acreditava, poderia ascender socialmente se lesse — houve um relativo aumento no número de leitores, sobretudo na França e na Inglaterra, onde alguns editores passaram a produzir, a preços baixos, obras completas de autores famosos. O livro era então interpretado como símbolo de liberdade, conseguida por conquistas culturais. Entretanto, na maioria dos países, não houve nenhuma grande modificação nos índices percentuais até o fim da Primeira Guerra Mundial (1914/18), quando surgiram as primeiras grandes tiragens de livros, principalmente romances, novelas e textos didáticos. O número elevado de cópias, além de baratear o preço da unidade, difundiu ainda mais a literatura. Mesmo assim, a maior parte da ficações dentro das mais diversas sociedades, a ponto de constituir uma mercadoria especial, com técnica, intenção e utilização determinadas. No moderno movimento editorial das chamadas sociedades de consumo, o livro pode ser considerado uma mercadoria cultural, com maior ou menor significado no contexto socioeconômico em que é publicado. Como mercadoria, pode ser comprado, vendido ou trocado. Isso não ocorre, porém, com sua função intrínseca, insubstituível: pode-se dizer que o livro é essencialmente um instrumento cultural de difusão de idéias, transmissão de conceitos, documentação (inclusive fotográfica e iconográfica), entretenimento ou ainda de condensação e acumulação do conhecimento. A palavra escrita venceu o tempo, e o livro conquistou o espaço. Teoricamente, toda a humanidade pode ser atingida por textos que difundem idéias que vão de Sócrates e Horácio a Sartre e McLuhan, de Adolf Hitler a Karl Marx.

Espelho da sociedade

A história do livro confunde-se, em muitos aspectos, com a história da humanidade. Sempre que escolhem frases e temas, e transmitem idéias e conceitos, os escritores estão elegendo o que consideram significativo no momento histórico e cultural que vivem. E assim, fornecem dados para a análise de sua sociedade. O conteúdo de um livro — aceito, discutido ou refutado socialmente — integra a estrutura intelectual dos grupos sociais.

Nos primeiros tempos, o escritor geralmente vivia em contato direto com seu público, que era formado por uns poucos letrados, já cientes das opiniões, idéias, imaginação e teses do autor, pela própria convivência que tinha com ele. Muitas vezes, mesmo antes de ser redigido o texto, as idéias nele contidas já haviam sido intensamente discutidas pelo escritor e parte de seus leitores. Nessa época, como em várias outras, não se pensava no enorme percentual de analfabetos. Até o século XV, o livro servia exclusivamente a uma pequena minoria de sábios e estudiosos que constituíam os círculos intelectuais (confinados aos mosteiros no início da Idade Média) e que tinham acesso às bibliotecas, cheias de manuscritos ricamente ilustrados.

Com o reflorescimento comercial europeu em fins do século XIV, burgueses e comerciantes passaram a integrar o mercado livreiro da época. A erudição laicizou-se, e o número de escritores aumentou, surgindo também as primeiras obras escritas em línguas que não o

podem ser aceitas por uma sociedade, ou por ela negadas, quando entram em choque com conceitos ou normas culturalmente admitidas. Nas sociedades modernas, em que a classe média tende a considerar o livro como sinal de *status* e cultura (erudição), os compradores utilizam-no como símbolo mesmo, desvirtuando suas funções ao transformá-lo em livro-objeto.

Mas o livro é, antes de tudo, funcional — seu conteúdo é que lhe confere valor (como os livros das ciências, de filosofia, religião, artes, história e geografia, que representam cerca de 75% dos títulos publicados anualmente em todo o mundo).

O mundo lê mais

No século XX, o consumo e a produção de livros aumentaram progressivamente. Lançado logo após a Segunda Guerra Mundial (1939/45), quando uma das características principais da edição de um livro eram as capas entreteladas ou cartonadas, o livro de bolso constituiu um grande êxito comercial. As obras — sobretudo *best-sellers* publicados algum tempo antes em edições de luxo — passaram a ser impressas em rotativas, como as revistas, e distribuídas às bancas de jornal. Como as tiragens elevadas permitiam preços muito baixos, essas edições de bolso popularizaram-se e ganharam importância em todo o mundo.

Até 1950, existiam somente livros de bolso destinados a pessoas de baixo poder aquisitivo; a partir de 1955, desenvolveu-se a categoria do livro de bolso "de luxo". As características principais destes últimos eram a abundância de coleções — em 1964 havia mais de duzentas nos Estados Unidos — e a variedade de títulos, endereçados a um público intelectualmente mais refinado.

A essa diversificação das categorias adiciona-se a dos pontos-de-venda, que passaram a abranger, além das bancas de jornal, farmácias, lojas, livrarias, etc. Assim, nos Estados Unidos, o número de títulos publicados em edições de bolso chegou a 35 mil em 1969, representando quase 35% do total dos títulos editados.

população de muitos países continuou distanciada, em parte porque o livro, em si, tinha sido durante muitos séculos considerado objeto raro, passível de ser adquirido somente por um pequeno número de eruditos. A grande massa da população mostrou maior receptividade aos jornais, periódicos e folhetins, mais dinâmicos e atualizados, além de acessíveis ao poder aquisitivo da grande maioria.

Mas isso não chegou a ameaçar o livro como símbolo cultural de difusão de idéias, como fariam, mais tarde, o rádio, o cinema e a televisão.

O advento das técnicas eletrônicas, o aperfeiçoamento dos métodos fotográficos e a pesquisa de materiais praticamente imperecíveis fazem alguns teóricos da comunicação de massa pensar em um futuro sem os livros tradicionais, com seu formato quadrado ou retangular, composto de folhas de papel, unidas umas às outras por um dos lados.

Seu conteúdo e suas mensagens, racionais ou emocionais, seriam transmitidos por outros meios, como, por exemplo, microfilmes e fitas gravadas.

A televisão transformaria o mundo inteiro em uma grande "aldeia" (como afirmou Marshall McLuhan), no momento em que todas as sociedades decretassem sua prioridade em relação aos textos escritos.

Mas a palavra escrita dificilmente deixaria de ser considerada uma das mais importantes heranças culturais, para todos os povos.

E no decurso de toda a sua evolução, o livro sempre pôde ser visto como objeto cultural (manuseável, com forma entendida e interpretada em função de valores plásticos) e símbolo cultural (dotado de conteúdo, entendido e interpretado em função de valores semânticos). As duas maneiras podem fundir-se no pensamento coletivo, como um conjunto orgânico (em que texto e arte se completam, como, por exemplo, em um livro de arte) ou apenas como um conjunto textual (no qual a mensagem escrita vem em primeiro lugar — em um livro de matemática, por exemplo).

A mensagem (racional, prática ou emocional) de um livro é sempre intelectual e pode ser revivida a cada momento.

O conteúdo, estático em si, dinamiza-se em função da assimilação das palavras pelo leitor, que pode discuti-las, reafirmá-las, negá-las ou transformá-las. Por isso, o livro pode ser considerado um instrumento cultural capaz de liberar informação, sons, imagens, sentimentos e idéias através do tempo e do espaço.

A quantidade e a qualidade das idéias colocadas em um texto

Proposta da coleção
"A Obra-Prima de Cada Autor"

A palavra "coleção" é uma palavra há muito tempo dicionarizada, e define o conjunto ou reunião de objetos da mesma natureza ou que têm qualquer relação entre si. Em um sentido editorial, significa o conjunto não-limitado de obras de autores diversos, publicado por uma mesma editora, sob um título geral indicativo de assunto ou área, para atendimento de segmentos definidos do mercado.

A coleção "A Obra-Prima de Cada Autor" corresponde plenamente à definição acima mencionada. Nosso principal objetivo é oferecer, em formato de bolso, a obra mais importante de cada autor, satisfazendo o leitor que procura qualidade.*

Desde os tempos mais remotos existiram coleções de livros. Em Nínive, em Pérgamo e na Anatólia existiam coleções de obras literárias de grande importância cultural. Mas nenhuma delas superou a célebre biblioteca de Alexandria, incendiada em 48 a.C. pelas legiões de Júlio César, quando estes arrasaram a cidade.

A coleção "A Obra-Prima de Cada Autor" é uma série de livros a ser composta de mais de 400 volumes, em formato de bolso, com preço altamente competitivo, e pode ser encontrada em centenas de pontos-de-venda. O critério de seleção dos títulos foi o já estabelecido pela tradição e pela crítica especializada. Em sua maioria, são obras de ficção e filosofia, embora possa haver textos sobre religião, poesia, política, psicologia e obras de auto-ajuda. Inauguram a coleção quatro textos clássicos: *Dom Casmurro*, de Machado de Assis; *O Príncipe*, de Maquiavel; *Mensagem*, de Fernando Pessoa e *O Lobo do Mar*, de Jack London.

Nossa proposta é fazer uma coleção quantitativamente aberta. A periodicidade é mensal. Editorialmente, sentimo-nos orgulhosos de poder oferecer a coleção "A Obra-Prima de Cada Autor" aos leitores brasileiros. Nós acreditamos na função do livro.

---

* Atendendo a sugestões de leitores, livreiros e professores, a partir de certo número da coleção, começamos a publicar, de alguns autores, outras obras além da sua obra-prima.

"Viver na ignorância do que aconteceu antes de nascermos é ficar para sempre na infância. Pois qual é o valor da vida humana se não a relacionarmos com os eventos do passado que a História guardou para nós?"

CÍCERO

INTRODUÇÃO

O homem e o pensador

G. D. LEONI

Marco Túlio Cícero é uma das mais complexas e multiformes figuras que se encontram na civilização de todos os tempos. Ele reflete, mais do que qualquer outro, o seu tempo: seja nas tendências da cultura, que ele concilia resumindo doutrinas e vulgarizando uma nova filosofia eclética; seja nos variáveis valores da época em que viveu, como homem de letras e homem político, propugnador do "homo novus" que unia o "otium" intelectual às tradicionais obrigações para com o Estado.

De família rica, mas não aristocrática, nasce em Arpino, no Lácio (106 a.C.); versátil, perspicaz, observador, orienta-se para os estudos jurídicos, mas não abandona a filosofia das várias escolas e prepara-se com especial cuidado para a eloqüência. Freqüenta mestres romanos e retóricos gregos; e, já conhecido no Forum, passa alguns anos na Grécia, onde se aperfeiçoa na arte oratória. Entretanto não se descuida dos estudos literários, particularmente os poéticos; a ambição da poesia, brotada em seu espírito desde os primeiros anos, não o abandona durante a vida toda, embora ele mesmo tivesse consciência de que não chegaria a uma grande celebridade nessa arte, porquanto por uma tendência natural era levado antes a raciocinar que a fazer fantasias na construção de uma forma poética. Esses dotes de raciocinador levam-no, ao contrário, a dar um modelo maravilhoso na prosa, de léxico riquíssimo e notável pela fluidez e concatenação sintática: o estilo ciceroniano. A eloqüência política e jurídica abre-lhe as portas da vida pública, convidando-o aos mais altos cargos do Estado. Dissemos jurídica: não aquela comum aos acusadores e defensores de processos medíocres, mas aquela que se envolve em processos de grande importância e interesse público. Obteve o primeiro triunfo com a oração Pró Sexto Roscio Amerino; *mas foram as sete orações* In Verrem *(contra o governador da Sicília, acusado de fraude) que constituíram a obra-prima da oratória ciceroniana: não somente pela força das argumentações, em um estilo forte e cerrado, mas também pelo ardor da acusação contra o sistema por demais desonesto de certos governadores. Em seguida teve que abrandar essa luta: as exigências do momento, sociais e políticas, levaram-no a debater-se em uma situação que pouco a pouco ia transformando a república agonizante em uma nova ditadura.*

No ano 63 a.C. torna-se cônsul, depois de ter percorrido a escala das magistraturas: como cônsul, encontra-se no centro de uma luta dramática contra seu temível adversário, Catilina, cabeça do partido democrático; teve de tomar providências excepcionais e, assumindo a responsabilidade, as explicará nas quatro orações In Lucium Catilinam. *Assim, Cícero mostrava-se um dos mais convictos sustentadores do Senado republicano contra os crescentes assaltos que conduzirão César ao principado. Mas estamos ainda no início da luta: no poder, o primeiro triunvirato (Pompeu, César, Crasso) tenta repentinamente afastar Cícero, promovendo, pelo tribuno Públio Clódio, uma lei que condenava ao exílio aqueles que tinham promovido sentenças de morte contra cidadãos romanos sem atender ao julgamento do povo. Enquanto cônsul, de fato, Cícero tinha feito decretar e executar, sem o consentimento do povo, a pena capital contra os conjurados chefiados por Catilina. Cícero foi exilado durante um ano. Voltando a Roma, ei-lo a defender a própria causa em várias orações importantes; esplêndidas são as que pronunciou em defesa de Célio* (Pro Caelio) *acusado do envenenamento da irmã do tribuno Públio Clódio, e em defesa do assassino de Clódio* (Pro Milone). *Com César e Pompeu procurou manter boas relações: por isso se afastava de Roma, como procônsul na Sicília. Mas, ao regressar, surpreende-o a guerra civil entre César e Pompeu: com pouca fé, faz-se partidário deste último, que julga representar, até certo ponto, a causa republicana. A batalha de Farsália entrega Roma às mãos de César: então Cícero procura reconciliar-se com o vencedor, porém permanecendo afastado das lutas políticas. Entrega-se aos estudos, distraindo-se apenas para pronunciar ainda nobres orações* (Pro Marcello, Pro Ligario). *O assassinato de César (44 a.C.) chama Cícero novamente à vida política, com a restauração da república, contra Marco Antônio, que segue os passos do ditador desaparecido.*

E contra Antônio o velho orador atira-se com uma série de catorze orações (In Marcum Antonium) *que chamará* Filípicas, *à semelhança daquelas que o grande orador Demóstenes havia pronunciado pela causa da liberdade ateniense contra Filipe da Macedônia. Mas o segundo triunvirado (Marco Antônio, Otávio, Lépido) definitivamente encerra o período da gloriosa república e, com ela, a vida do grande orador romano: inscrito na lista das proscrições, Cícero foge de Roma; é alcançado pelos soldados e morto perto de Fórmia (43 a.C.).*

* * *

Vimos a vida de Cícero; passemos agora à síntese da sua obra que, para maior clareza, podemos dividir em duas partes: tratados de argumento retórico e tratados de argumento filosófico. Durante toda a vida, Cícero teve o ideal da oratória: nela despende experiência pessoal, estudo e doutrinas. Já tivemos ocasião de citar algumas das suas orações, estreitamente ligadas a acontecimentos históricos ou biográficos: estas orações são exemplos práticos de sua teoria que será exposta nas várias obras. Desde a mocidade tinha concebido uma espécie de desenvolvimento lógico da arte oratória, do qual apenas escreveu uma parte (De inventione), *onde reuniu os preceitos da escola de Rodes, à qual se tinha ligado muito durante sua viagem à Grécia. É uma obra de pouco valor, sem cunho pessoal; bem diversos são, ao contrário, os três livros* De oratore, *exposição límpida e genuína da arte e da fé de Cícero, discussões sob forma de diálogos, de cada problema cultural e exterior aos quais o perfeito orador se deve apegar. A escola ciceroniana impõe-se às demais; mas houve, a par desta, outra escola não menos importante e genial: a chefiada por Marco Júnio Bruto (que será o assassino de César) e que propugnava na oratória um estilo simples, sem floreado, arcaico, em contraposição ao estilo exuberante, embora substancioso, de Cícero. E, contra as regras de Bruto, Cícero dirige uma série de obras compostas depois da morte de Pompeu, quando foi constrangido a se afastar da vida política. São frutos deste período* Brutus, *história da eloqüência romana desde as origens até ao próprio Cícero; o* Orator ad M. Brutum, *que retoma e desenvolve os conceitos do* De oratore; *o* De optimo genere oratorum, *que argumenta sobre os tipos da eloqüência grega; e outras obras menores.*

Mais complexa, embora sob certos aspectos menos original, é a obra filosófica. Cícero começou por tratar, a princípio, dos proble-

mas mais atuais e dramáticos de seu tempo, a luta entre o Estado republicano e o despertar daqueles elementos revolucionários que deveriam conduzir à ditadura. Esses problemas foram estudados em duas obras, infelizmente encontradas incompletas: os seis livros De republica, *onde exalta a constituição republicana de Roma como a forma de Estado perfeito; e os três livros* De legibus, *nos quais são discutidos os fundamentos do direito. Nos sete anos de otium forçado, Cícero apegou-se com maior cuidado aos assuntos filosóficos, tratando de quase todos os ramos: os dois livros dos* Academica, *nos quais trata das principais questões sobre conhecimento; os cinco livros* De finibus bonorum et malorum, *onde são discutidas as questões do bem e do mal; os três livros* De officiis, *que discutem as questões do útil e do honesto; e os cinco livros das* Tusculanae disputationes *que se baseiam na discussão sobre a felicidade. Nos três livros* De natura deorum, *nos dois livros* De divinatione *e no* De fato *são tratadas questões teológicas; no* Cato maior de senectute *e no* Laelius de amicitia *são, ao contrário, discutidas questões várias de prática moral. Infelizmente perderam-se o* De consolatione, *inspirado no luto por ocasião da morte da filha Túlia; e o* Hortensius, *composto em honra de um amigo defunto, quase uma espécie de convite à filosofia.*

Cícero não é um filósofo, isto é, não tem um sistema próprio para ilustrar e difundir; nem podia ser um filósofo: não é possível enquadrar o espírito meditativo com a vivacidade prática do romano. Cícero não é profundo: é versátil. Ele não foi nem quis ser um filósofo, mas sim um divulgador da filosofia. Ora, nisso Cícero mostrava-se verdadeiramente genial: a cultura romana apossa-se, por mérito de Cícero, da filosofia grega; assimila-a, dá-lhe vida prática, difundindo-a e impondo-a ao mundo. Cícero, reunindo todos os sistemas filosóficos helênicos, dá a este apanhado a marca da ciência civil e moral de Roma, anima-o, vivifica-o, dá-lhe o impulso da ação, transformando romanamente o ideal máximo da cultura grega, a humanitas, *em princípio operante sobre todos os povos. Os tratados filosóficos de Cícero têm um cunho estilístico que reflete exatamente o conteúdo eclético: sua prosa é elegante, reavivada na forma e no léxico; os argumentos são expostos por meio de diálogos, nos quais se manifestam os defensores das várias teorias. Ainda nisso vemos, mais que o filósofo, o divulgador da filosofia: um divulgador eficientíssimo (único em toda a literatura latina), que fará sentir através dos séculos o eco de sua ação fecunda.*

* * *

*Nos últimos anos de vida, Cícero ocupou-se, com a ajuda de seu secretário Tirão, em juntar grande parte da correspondência particular que reuniu em quatro coleções: dezesseis livros de cartas dirigidas aos familiares e amigos entre 62 e 43 a.C. (*Epistulae ad familiares*); dezesseis livros de cartas ao amigo Pompônio Ático entre 68 e 44 a.C. (*Epistulae ad Titum Pomponium Atticum*); três livros de cartas ao irmão Quinto entre 60 e 54 a.C. (*Epistulae ad Quintum fratrem*); dois livros de cartas endereçadas a Bruto no período anterior ao assassinato de César (*Epistulae ad Brutum*).

Temos notícias de outras coletâneas que não chegaram até nós. O epistolário ciceroniano é interessantíssimo, porque nele encontramos descritas as suas impressões de acontecimentos importantes, sem preocupação literária: dia a dia, escrevendo estas cartas, Cícero pintou o mais belo retrato de si mesmo, pois tal documentação biográfica e psicológica reconstrói a figura de uma das personalidades máximas da história política e literária de Roma.

Que os retores *se ocupassem nas escolas também do estilo epistolar, não se pode pôr em dúvida; mas que, como algum crítico afirmou, Cícero tenha modelado as suas cartas em exemplares gregos e, no escrevê-las, tenha aplicado os preceitos que os retóricos davam a respeito das mesmas, é injustificado: pode acreditá-lo, somente quem estiver imbuído da idéia de que nada existe na literatura romana a não ser uma imitação da helênica. A maior parte das cartas de Cícero, e entre essas as mais belas, foram escritas para serem lidas só pela pessoa à qual eram enviadas. Ele escreve o que* in buccam venit *(*Ad Atticum, I, 12, 4; VII, 10; XIV, 7,2*) e deseja que as cartas fiquem escondidas* nequando quid emanet *(*Ad Atticum, X, 12,3*): confessa ao amigo que tais escritos são desabafos feitos consigo mesmo, à guisa de monólogos,* ego tecum tamquam mecum loquor *(*Ad Atticum, VIII, 14,2*). Atendia à sua numerosa correspondência onde estivesse, no Senado, durante o almoço, na liteira; e escrevia o que no momento pensava, aquilo que no momento sentia. Bem diz um estudioso italiano que a antigüidade conservou, até aos nossos dias, maravilhas de diversos gêneros, mas, entre essas, duas têm uma importância toda particular: o epistolário de Cícero e as ruínas de Pompéia. No epistolário percebemos as mais recônditas opiniões e pensamentos de um homem que nobremente representa uma idade inteira; nas ruínas de Pompéia descobrimos os mais ocultos segre-*

dos da vida antiga. A quem, como os críticos alemães Drumann e Mommsen, tirou argumentos do epistolário para fazer um impiedoso requisitório contra Cícero, podemos repetir com o francês Nageotte: "Há poucos homens, não somente entre os maiores, também entre os mais honestos, que poderiam ser submetidos ao exame que as cartas nos permitem fazer da alma de Cícero, e dar o mesmo resultado que o de Cícero". *O epistolário, além do mais, serve admiravelmente para julgar o escritor, visto que nos demonstra que nele pensamento e forma surgiam juntos: o* labor limae *não era, pois, no estilo ciceroniano um trabalho de aperfeiçoamento, o que significa que o seu estilo é espontâneo, rico e plástico ao mesmo tempo.*

* * *

De Cícero podemos dizer muito bem e muito mal, certamente mais mal que bem, se julgarmos só o homem político. Se ele pensou possuir em sumo grau as qualidades de homem de governo, assim não o julgaram seus ambiciosos contemporâneos, que habilidosamente desfrutaram, amiúde, a sua popularidade e eloqüência, mas não lhe deram apoio nenhum na ação política: "non nos inimici, sed invidi perdiderunt", escreve e repete freqüentemente Cícero a Ático, a respeito do exílio. Chegou triunfalmente ao consulado, mas talvez não o teria conseguido se não fosse preciso fechar o caminho a candidatos perigosos. Durante o consulado salvou a cidade do incêndio e da rapina: infelizmente, ele tornou quase ridículo, com freqüentes exageros retóricos, este seu maior título de glória política. Todavia, talvez, tanto pela sua ação política, quanto em geral pelo seu caráter, ele não deveria ser julgado mais severamente do que outras personagens antigas, que exaltamos sem reservas, talvez somente porque escreveram menos ou menos sinceramente do que Cícero, e porque as suas confissões espirituais não foram, afortunadamente para eles, colecionadas.

Seja o que for como homem de governo, ao orador e ao escritor não podemos negar entusiástica admiração. Os seus mesmos defeitos de caráter, a suscetibilidade, as rápidas passagens da excessiva confiança em si mesmo ao excessivo abatimento, os impulsos da ira e da paixão, os arrependimentos, as retratações, as incertezas na vida e na ciência, mas justamente o grande amor pátrio, a delicada sensibilidade pelos afetos domésticos, a sua quase cristã caritas generis humani, *o entusiasmo por tudo o que era nobre e belo, o desgosto e horror pela obscenidade, a desonestidade, a baixeza, refletem-se artisticamente no seu estilo, que retrata todos aqueles sentimentos com magnificência de expressão, com maravilhosa riqueza de linguagem, com incomparável propriedade e precisão. É verdade que, muitas vezes, às belezas puramente formais não correspondem novidade ou profundidade de pensamento, argumentações convincentes, objetividade de pesquisa: assim, quem a ele se dirige exclusivamente para satisfazer o espírito de doutrina política ou ética, filosófica ou histórica, percebe esta desproporção e irrita-se com o escritor que lhe proporcionou esta desilusão. Quem, ao contrário, procure só eloqüente simetria de frases e de períodos, harmoniosas cadências, abundância de palavras e pureza da língua latina, enfim virtuosidade estilística, proclamará que não há outro escritor que lhe possa ser comparado.*

Para termos uma idéia ainda mais completa da obra e do pensamento de Cícero, é necessário observar que, em geral, não são de pouca importância os tratados filosóficos do escritor romano: mas tal importância é devida principalmente à habilidade no expor em clara forma latina as doutrinas gregas. Também os mais férvidos admiradores de Cícero devem reconhecer que ele muitas vezes não interpreta como deveriam ser interpretados os autores gregos e que o seu ecletismo carece de toda profundidade de pensamento especulativo. O seu ceticismo não é absoluto: combate decididamente a moral epicuréia, se bem aceite depois algumas doutrinas de outras escolas filosóficas; não renuncia à fé na providência e na imortalidade da alma, apesar de não conseguir fundá-la sobre severa pesquisa científica; quer que seja mantida, no interesse do Estado, a religião popular, isenta quanto possível de superstição. Na predileção pelo ceticismo filosófico, Cícero é a mais sincera expressão da sua época inquieta, que não se pode conformar com o conceito dogmático do conhecimento. Cícero não é o pensador que penetra com as suas pesquisas no vasto campo das especulações dos séculos anteriores: é o romano que olha ao redor quais são os problemas mais urgentes que se impõem ao espírito contemporâneo, e dedica a sua obra a esclarecê-los. Nessa indagação não poderia deixar de descobrir a insuficiência e os perigos do epicurismo dominante. O epicurismo era ineficaz para as necessidades do tempo por causa do seu dogmatismo; era perigoso, porque atraía os espíritos superiores, prometendo-lhes o conhecimento absoluto do verdadeiro e por esse caminho conduzia-os a uma moral cheia de incentivos para o mal.

Do outro lado, o estoicismo não se prestava a ditar leis morais em plano universal porque de freqüente achava-se em oposição aos sentimentos romanos, quase sempre ao sentimento humano. Pensou, pois, Cícero que, moderando o ceticismo de Platão e discípulos, se pudesse chegar — no campo da moralidade, isto é, onde eram mais urgentes as necessidades — a uma regra da vida honesta, romana e humana: se não se podia conhecer a verdade, podia o homem aproximar-se muito dela, guiado pela razão educadora dos sentidos e do pensamento; e isso chegava para pôr bases, se não absolutas, pelo menos bem firmes, ao edifício moral. Não se devia temer que estes fundamentos pudessem ser abalados pela contínua discussão a respeito de tudo porque esse mesmo discutir era a senda pela qual o homem se aproximava cada vez mais da verdade. Em suma, o homem, agindo conforme os princípios morais fixados por Cícero, podia estar certo de não praticar o mal, e ao mesmo tempo ter a esperança de praticar o melhor. Ora, o que urgia era a norma política da vida, não mais a teoria científica acerca do sumo bem.

Também, se à filosofia de Cícero falta qualquer profundidade de pensamento especulativo, a ele cabe a glória de ter difundido largamente com os seus escritos a filosofia, não só entre os contemporâneos, mas em todo o mundo latino dos séculos seguintes. É certo que a influência de Cícero sobre toda a literatura latina posterior (e talvez sobre todas as literaturas modernas) foi enorme. Admiradores e detratores não lhe faltaram entre os homens de talento e de doutrina; mas em todos os tempos, quantas vezes houvesse um reflorescimento das letras e da cultura, foi também louvado o seu nome e preconizado o estudo das suas obras. E apesar de tudo não é falsa ainda hoje a sentença de Quintiliano: "ille se proficisse ciat, cui Cicero valde placebit", sabe encontrar vantagem aquele que gostar muito de Cícero.

* * *

As opiniões sobre Cícero têm mudado com o mudar dos tempos. Já na sua idade ele tinha amigos e inimigos, não somente em política, mas também no campo literário. É verdade, como observa justamente um crítico moderno, que o seu caráter conciliatório e a sua alma sensibilíssima ao louvor ou à reprovação impeliram-no a não procurar nem afrontar decididamente grandes inimizades, a não ousar polêmicas, das quais não tivesse certeza de sair vencedor e com todas as honras, que com sinceridade talvez um tanto ingênua pensava serem-lhe devidas. Quando foi cônsul em 63 a.C. e conseguiu com grande habilidade conjurar o grave perigo da conspiração de Catilina, pareceu-lhe verdadeiramente merecido o título de pater patriae, *de salvador de Roma: tanto que, em um poema épico, que não chegou inteiro até nós* (De meo consulatu), *ele se deixava transportar para uma exclamação enfática, nada bela pela dureza das assonâncias e dos espondeus:* o fortunatam natam me console Romam, *ó Roma levada à boa fortuna quando eu era cônsul. Exagero de pensamento, que não estava certo, a seu favor: e justamente naquele momento, quando se iludia de ter triunfado, começava a ininterrupta série dos seus desastres.*

Vivendo em um tempo de extraordinárias tendências políticas e literárias, Cícero não podia fugir à crítica geralmente severa e áspera, também de homens do seu partido ou das suas idéias. Daqui nasceram os altos e baixos da sua fortuna, que o acompanharam quase por toda a vida. Mas, depois da sua morte, pacificados os espíritos e alcançada uma firme consciência literária, a personalidade de Cícero, se foi discutida pelo que dizia respeito à vida política, engrandeceu ao contrário na consideração dos críticos e dos estudiosos, como a de um homem que tinha dado uma nova e verdadeira vida à língua latina e tinha feito dela um instrumento ágil e dútil à expressão de qualquer idéia e uma forma capaz de conter toda a matéria que o espírito humano pudera criar.

De fato, se já antes dele e do seu tempo a poesia tinha alcançado alturas notáveis e tinha sido capaz de construir obras-primas, como as de Ênio, Plauto, Terêncio, Lucrécio, Catulo, somente com Cícero foi alcançada a perfeição da prosa, na qual a linguagem adere verdadeiramente ao pensamento e a palavra assume a modulação musical que, acariciando o ouvido, passa desse à alma do leitor, o atrai e o aproxima, quase sem perceber, das idéias a dos sentimentos do escritor. Basta, portanto, comparar uma página de Varrão, que foi certamente o melhor prosador antes de Cícero, para sentir logo qual enorme distância separa os dois homens, embora vivendo ambos da mesma idade e em contato com estudos que podiam tornar comuns os gostos e as atitudes de um e do outro. César também foi grande prosador; e Salústio teve qualidades de prosador que valeram, mais do que o conteúdo das suas obras, para salvar grande parte da sua herança literária; mas César reconheceu explicitamente quanto o latim devia a Cícero, e Salústio adaptou as suas tendências arcaizantes a um novo e mais ágil ritmo de linguagem, da qual Cícero justamente tinha sido o primeiro a dar o exemplo. Aconteceu que, embora Salústio fosse adversário de Cícero e se mantivesse independente do estilo e da clara limpidez da linguagem ciceroniana, César ao contrário reconheceu com uma declaração, que honra a ambos, a supremacia indiscutível que Cícero merecia entre os escritores latinos precedentes e contemporâneos: "Se — escrevia, de fato, César, dedicando uma sua obra a Cícero — muitos procuraram usar o próprio estudo e a própria experiência para poder exprimir com clareza o próprio pensamento, dessa possibilidade tu foste o precursor e descobridor, de modo que devemos reconhecer em ti o benemérito do nome e da honra do povo romano". *Ninguém poderia desejar um elogio maior e melhor; e talvez esse elogio não tenha deixado de exercer influência na consideração de que Cícero gozou, embora tivesse tantos adversários que todavia não conseguiram obscurecer sua fama. Até quando Quintiano, em um célebre trecho do décimo livro da sua* Institutio oratoria, *escreveu, firmando um juízo que perdura incontrastado através dos séculos:* "Justamente os homens do seu tempo disseram que ele era um tribuno; perante os pósteros o seu nome passou não como o de um homem, mas até como o da eloqüência: por isso devemos ter os olhos voltados para ele e propô-lo como exemplo; por isso aquele a quem Cícero agradar muito, saiba que isso bastará para fazê-lo progredir".

A admiração por esse homem verdadeiramente singular nunca diminuiu: ele apareceu ao pensamento das gerações posteriores como um herói. No tempo de Tibério, a sua lembrança entusiasmava o notável historiador Veléio Patérculo, induzindo-o a dirigir-se diretamente, embora idealmente, contra Marco Antônio, que com as suas proscrições tinha sacrificado Cícero: "Não conseguiste nada, ó Antônio; foste capaz de tirar a Cícero a vida cheia de angústias, de encurtar a sua velhice e de impedir que vivesse infeliz sob o teu governo; mas não lhe tiraste a gloriosa fama das suas obras e das suas palavras, até lhe aumentaste o mérito. A sua memória vive e viverá nos séculos, enquanto o mundo for mundo, e o gênero humano morrerá antes da fama que ele obteve". *Assim exclamava Patérculo; e, um pouco mais tarde, Plínio o Velho chamava com entusiasmo o grande orador* "pai da pátria e das letras latinas".

Foi justamente observado que se deve talvez, ao menos em parte, a essa admiração a decadência da língua latina: porque quando Cícero foi reconhecido como exemplo insuperado e insuperável do estilo e da expressão, naturalmente a imitação, da qual foi objeto, teve de fechar o seu natural desenvolvimento, favorecendo o progresso das línguas vulgares, reais vivas e, por força de acontecimentos, mais prontas a adequar-se a tempos novos e a novos pensamentos.

Contra os apreciadores de Cícero aponta-se, posteriormente, a crítica mais severa: o criticismo alcança o ídolo de muitas gerações. Esqueceram-se as suas benemerências, mesmo os dolorosos acontecimentos da sua vida; esqueceram-se as dificuldades, em que um homem de inteligência superior mas ambicioso, bom mas não dotado pela natureza de uma força espiritual que pudesse ver e medir as conseqüências de qualquer ato, ia encontrar-se naquele tempo agitado: o tempo de Cícero, marcando a passagem entre duas idades e duas formas de governo radicalmente diferentes, obrigava a ficar no momento transitório, sem poder julgar o que iria acontecer depois. Afinal, esqueceram-se os usos e os costumes da sociedade contemporânea de Cícero.

Na verdade, mesmo no tempo de Cícero não faltaram os opositores mais encarniçados: um discurso, conforme a tradição escrito por Salústio, acusa Cícero de muitas culpas, pelas quais o condenaram também críticos modernos: "Homem de grandíssima inconstância, capaz de suplicar aos inimigos e ofender os amigos, disposto a seguir ora um ora outro partido, fiel a ninguém, senador cheio de ligeireza, advogado mercenário". *Depois, essas vozes calaram-se; mas quando, em 1345, Francisco Petrarca descobriu as cartas de Cícero, a sua leitura causou-lhe uma das maiores desilusões da vida: ele imaginava um Cícero heróico, grande na vida como nos discursos; e via, diante de si, um pobre homem, cheio de dúvidas, pronto ao desespero como à exaltação; um homem cujas paixões do momento deixavam entrever uma alma não diferente da de qualquer homem mortal. Isso tudo, porém, não bastou para reduzir a estima por Cícero, que na Renascença foi tido em grande apreço, principalmente como literato. Na época moderna, as polêmicas pró e contra Cícero recomeçaram; e particularmente foi acusado de não ser senão um homem hábil, que escondia a inconstância vazia do seu pensamento e da sua ação sob um dilúvio de palavras: infelizmente o próprio Cícero, em uma carta confidencial ao amigo Pompônio Ático, confessava ter sempre* "uma abundante reserva de palavras..."

A crítica recente é mais cauta e precisa: vê quanto seja injusto e talvez perverso matar a fama e a reputação de um homem, atribuindo-lhe como culpa as inconstâncias, das quais às vezes foi vítima, e a vida do seu tempo, à qual não podia subtrair-se; e, julgando mais humanamente, reconhece-lhe bondade de caráter, retidão de intenções e, além do mérito literário, o mérito de ter sido sempre honesto em uma sociedade em que o único sonho era o de enriquecer com qualquer meio. Cícero era o homem que pagava as suas dívidas, quando ninguém as pagava ou, para pagá-las, pedia o governo de uma província, onde com odiosos e injustos impostos, oprimindo os habitantes, podia tirar os meios para pagar as excessivas despesas pessoais. Deste ponto de vista, Cícero é irrepreensível; e não é pequeno elogio. Repreensível foi, ao contrário, a sua política; mas, se todo homem que vive nos irrequietos acontecimentos da vida pública fosse capaz de dar um caminho reto a qualquer ação sua, e de calcular exatamente para si, seu partido e seu povo o êxito desse caminho, evidentemente a humanidade seria feliz e todos mereceriam somente os elogios dos contemporâneos e dos vindouros. Nos juízos absolutos sobre a obra de um homem, esquece-se freqüentemente a fraqueza da natureza humana; e essa fraqueza é esquecida de boa vontade quando o homem é o alvo de um partido e a sua obra pode ter tido influência sobre seu tempo e seu ambiente. Felizmente, hoje se compreende tudo isso; e, livre dos preconceitos e dos erros, a figura de Cícero aparece, se não límpida, pelo menos bastante clara aos nossos olhos, como a de um homem verdadeiramente insigne, que merece respeito e compreensão, e que deu a Roma a possibilidade de pôr-se ao lado da Hélade em uma missão civilizadora universal, na qual nem os seus predecessores nem os seus contemporâneos tinham pensado. E podemos com justiça repetir o elogio que, destinado a Cícero, escreveu Plínio o Velho, quando afirmou que "vale mais ter alargado os limites do espírito humano do que ter alargado os confins do Império".

CATILINÁRIAS

Orações de
Marco Túlio Cícero
contra Catilina

Catilinária I

Esta oração, pronunciada no dia 8 de novembro do ano 63 a.C., é talvez a mais conhecida entre as orações de Cícero. Cícero investe violentamente contra Catilina, que tem a ousadia de apresentar-se no Senado, embora todos saibam que um exército de revolucionários o espera na Etrúria chefiado por Mânlio... Catilina mereceria a morte; porém Cícero não pede ao Senado que o processe. Roma pode ter a certeza que ele, Cícero, com a sua solércia, garantirá a liberdade do povo romano. Catilina, porém, deixa a cidade. Roma não quer mais saber dele, pois as suas culpas e torpezas são bem conhecidas. Deixe a cidade e, se quer, se junte aos seus companheiros, bem dignos dele, que o esperam para marchar contra Roma. Cícero não o teme, pois, com a ajuda de Júpiter Stator, o exterminará e, com ele, a todos os inimigos da República.

Exórdio[1]

Até quando, Catilina, abusarás de nossa paciência? Quanto zombará de nós ainda esse teu atrevimento? Aonde vai dar tua desenfreada insolência? É possível que nenhum abalo te façam nem as sentinelas noturnas do Palatino, nem as vigias da cidade, nem o temor do povo, nem a uniformidade de todos os bons, nem este seguríssimo lugar do Senado, nem a presença e semblante dos que aqui estão? Não pressentes manifestos teus conselhos? Não vês a todos inteirados da tua já reprimida conjuração? Julgas que algum de nós ignora o que obraste na noite passada e na antecedente, onde estiveste, a quem convocaste, que resolução tomaste?

Oh tempos! oh costumes! Percebe estas coisas o Senado, o cônsul as vê, e ainda assim vive semelhante homem! Que digo, vive? Antes vem ao Senado, é participante do conselho público, assinala e desig-

---

[1] *Exórdio*: preâmbulo, princípio de um discurso, começo, prefácio. (N. do E.)

na com os olhos, para a morte, a cada um de nós. E nós, homens de valor, nos parece ter satisfeito à República, evitando as suas armas e a sua insolência. Muito tempo há, Catilina, que tu devias ser morto por ordem de cônsul, e cair sobre ti a ruína que há tanto maquinas contra todos nós.

Porventura o insigne P. Cipião, Pontífice Máximo, não matou a Tibério Graco, por deteriorar um pouco o estado da República? E nós devemos sofrer a Catilina, que com mortes e incêndios quer assolar o mundo? Passo em silêncio aqueles antiquíssimos exemplos, de quando C. Servílio Ahala matou com sua própria mão a Spúrio Melo, que procurava introduzir novidade. Houve antigamente na República uma virtude cívica tal que os homens de valor reprimiam com suplícios mais atrozes um cidadão pernicioso do que um cruelíssimo inimigo. Temos contra ti, Catilina, decreto do Senado veemente e severo; não falta conselho à República; nós, abertamente o digo, nós somos os que faltamos.

Poderes dos cônsules

2. Decretou antigamente o Senado que Lúcio Opímio atendesse a que a República não recebesse algum detrimento; nenhuma noite se interpôs e, por umas suspeitas de sedições, foi morto C. Graco, descendente de pai, avô e antepassados nobilíssimos; e foi morto também M. Fúlvio, consular, com seus filhos. Com semelhante decreto do Senado se entregou a República aos cônsules Caio Mário e Lúcio Valério; porventura tardou a República um só dia com a morte e suplício a Lúcio Saturnino, tribuno do povo, e a Caio Servílio, pretor? Mas nós há já vinte dias que consentimos se embotem os fios desta autoridade; temos o mesmo decreto do Senado, metido nas tábuas, como espada na bainha; segundo esta deliberação do Senado, Catilina, devias logo ser morto. Mas vives, e vives não para ceder, mas para te confirmar no teu atrevimento. Desejo, Padres Conscritos, ser clemente para convosco; desejo não ser cobarde em tamanhos perigos da República, mas a mim mesmo me condeno de inerte e culpado.

Há tropas na Itália contra a República, assentadas na garganta da Etrúria; cresce cada dia o número dos inimigos, mas o seu capataz e general o estamos vendo dentro de nossos muros, mesmo no Senado, maquinando sempre a ruína da República. Se agora te mandasse prender, se te mandasse matar, mais receio que todos os bons dissessem que o fizera tarde, antes que alguém afirmasse que obrara de um modo cruel. Mas por certa causa não estou ainda resoluto a executar o que há muito devia ter feito. Matar-te-ei finalmente então, quando ninguém houver tão malvado, tão perdido, tão teu semelhante, que não confesse que isto se obrou com razão.

Enquanto houver quem se atreva a defender-te, viverás, e viverás como agora vives, cercado de muitas minhas fortes guardas, para que não te possas levantar contra a República; também os olhos e ouvidos de muitos, sem tu o sentires, te espreitarão, e guardarão como até agora o fizeram.

Planos da conspiração

3. Portanto, Catilina, que podes mais esperar, se nem a noite com as suas trevas pode encobrir teus iníquos congressos, nem a casa mais retirada conter com suas paredes a voz da tua conjuração? Se tudo se faz manifesto, se tudo sai a público? Crê-me o que te digo: muda de projeto, esquece-te de mortandades e incêndios; por qualquer parte te haveremos às mãos. Todos teus desígnios são para nós mais claros que a luz, o que bem é reconheças comigo. Não te lembras do que eu disse no Senado em 21 de outubro, que Mânlio, ministro e sócio das tuas maldades, havia de estar armado em certo dia, o qual dia havia de ser o 26 de outubro? Escapou-me, pois, Catilina, não só uma coisa tão horrível, mas nem ainda o dia? Eu mesmo disse que tu deputaras o dia 28 de outubro para mortandade dos nobres; e então foi quando muitas das pessoas, principais da cidade fugiram de Roma, não tanto por se salvarem, como por atalharem teus intentos. Poderás porventura negar-me que naquele próprio dia, por estares rodeado de minhas guardas e das minhas diligências, te não pudeste mover contra a República, quando, retirando-se os mais, dissesste que te contentavas com a minha morte? E quando esperavas tomar a Preneste por assalto de noite no primeiro de novembro, não achaste aquela colônia municionada por minha ordem, e com meus presídios, guardas e sentinelas? Nada obras, nada maquinas, nada cogitas que eu não só ouça, mas veja e penetre claramente.

Catilina tentou matar Cícero

4. Recorda-te enfim comigo desta última noite, e conhecerás que com maior cuidado velo eu para o bem da República do que tu para a sua destruição. Digo, pois, que fosse na primeira noite pelos Falcários

para casa de Marco Leca (hei de falar claro) onde concorreram muitos sócios da mesma loucura e perversidade; atrever-te-ás porventura a negá-lo? Por que te calas? Se o negares convencer-te-ei; pois aqui estou vendo no Senado alguns que estiveram contigo. Deuses imortais! Onde estamos? Que República temos? Em que cidade vivemos? Aqui, aqui, Padres Conscritos, entre nós, neste gravíssimo e santíssimo Conselho do Mundo, estão os que meditam a minha ruína, a de todos nós, a desta cidade e do Universo. Eu cônsul, os estou vendo, e lhes peço parecer; e a quem com ferro devia acabar, nem sequer molesto com a voz. Estiveste, pois, Catilina, naquela noite em casa de Leca; repartiste as regiões da Itália, determinaste para onde querias que cada um fosse, elegeste os que deixarias em Roma e os que levarias contigo; designaste os bairros da cidade para os incêndios, afirmaste que brevemente sairias de Roma, disseste que ainda demorarias um pouco, por estar eu ainda com vida; achaste dois cavaleiros romanos que te livraram deste cuidado, e te prometeram que pouco antes de amanhecer me matariam em meu mesmo leito. Tudo isto soube eu, apenas acabado o vosso congresso; fortifiquei e municionei minha casa com maiores guardas; não recebi os que pela manhã mandaste a saudar-me, vindo os mesmos que eu tinha predito a pessoas de muito crédito que haviam de vir buscar-me naquele tempo.

Catilina deve sair da cidade

5. Sendo tudo isto assim, Catilina, prossegue o que principiaste, vai-te enfim da cidade, abertas estão as portas, anda; há muito tempo te desejam por general aqueles teus acampamentos de Mânlio; leva contigo todos os teus, ou ao menos muitos deles, limpa esta cidade; já não podemos viver mais contigo, nem eu o posso sofrer, tolerar, consentir. Infinitas graças devo dar aos deuses imortais, e a esse mesmo Júpiter Stator, antiquíssimo protetor desta cidade, de ter tantas vezes escapado a esta tão horrível, torpe e prejudicial peste da República. Não convém que por causa de um homem perigue muitas vezes a República. Enquanto me armaste traições, Catilina, sendo eu cônsul designado, não me defendi com guardas públicas, mas com diligências particulares; quando nos últimos comícios consulares me quiseste matar, reprimi teus perversos intentos com o socorro dos amigos e soldados, sem tumulto algum; enfim todas as vezes que me acometeste, pessoalmente te resisti, posto que visse andar a minha ruína emparelhada com grande calamidade da República; agora já

acometeste abertamente toda a República, os templos dos deuses eternos, as casas de Roma, as vidas dos cidadãos, e em uma palavra, tocas a arruinar e destruir toda a Itália. Mas como não me resolvo ainda a pôr em obra o principal e próprio deste Império, executarei o que é de menor severidade e para o bem público mais proveitoso, pois, te mandar matar, ficará na República o demais esquadrão de conjurados. Se saíres (como te persuado há muito), ficará a República limpa desta enorme sentina de teus sócios. Pois que, Catilina? Acaso duvidas fazer, estando eu no poder, aquilo que já fazias por tua livre vontade? Manda o cônsul sair da cidade o inimigo. Perguntas-me se porventura para o desterro? Não te mando; mas se me consultas, aconselho-te.

Os bons romanos odeiam Catilina

6. Que coisa há ainda nesta cidade que te possa dar gosto, pois ninguém há que não te tema? Fora desta conjuração de gente estragada, ninguém há que não te aborreça. Que nódoa de torpeza doméstica se não tem lançado na tua vida? Que infâmia em matérias particulares se não tem amontoado sobre aqueles labéus? Que lascívia de olhos, que atrocidade de mãos, que perversidade deixou jamais de haver em todo teu corpo? Que mancebo houve, a quem não enredasses com atrativos viciosos, e a quem não conduzisses ou para insolências com armas, ou para dissoluções com incentivos? E que é o que há pouco obraste, quando com a morte da tua primeira mulher despojaste a casa para novas bodas? Não acumulaste sobre esse delito outra incrível maldade? O que eu passo em claro, e de boa mente sofro, se cale para que não conste que existiu nesta cidade, ou se deixou sem castigo tão enorme crime. Passo em silêncio a perdição dos teus bens, que sabes te está iminente nos próximos idos. Não falo no tocante às particulares ignomínias de teus vícios, nem na tua doméstica penúria e miséria, mas no que pertence ao governo da República, e à vida e proveito de todos nós. Pode porventura, Catilina, agradar-te a luz desta cidade, ou este ar que respiramos, sabendo que nenhum dos circunstantes ignora que no último de dezembro, sendo cônsules Lépido e Fúlvio, estiveste armado no comício do povo? Que ordenaste uma esquadra para matares os cônsules e pessoas principais da cidade? Que não foi razão alguma ou temor que tivesses, mas fortuna da República a que conteve a tua protérvia e desaforo? Mas deixo já isto que nem é ignorado, nem há muito cometido. Quantas vezes estando eu já eleito,

quantas, sendo já cônsul, me quiseste matar? A quantos golpes, atirados de modo que pareciam inevitáveis, escapei eu, como lá dizem, com um pequeno desvio do corpo? Nada fazes, nada consegues, nada maquinas, que eu logo não saiba; e nem por isso cessas de levar por diante teus projetos e intentos. Quantas vezes te arrancaram já essa faca das mãos? Quantas te caiu por acaso e escorregou? E ainda assim não podes estar muito tempo sem ela; na verdade, não sei a que sacrifícios a consagraste e dedicaste, que julgas preciso cravá-la no corpo do cônsul.

A cidade exige a expulsão de Catilina

7. E que vida é ao presente essa tua? Falarei agora contigo, não como agastado com a ira que devo, mas movido da compaixão que não mereces. Há pouco chegaste ao Senado; em um tão grande congresso, qual de teus amigos e parentes te saudou? Não havendo memória que tal jamais sucedesse a ninguém, esperas que te afrontem de palavra, sendo já condenado pelo gravíssimo juízo desta taciturnidade? Que foi isto que assim que chegaste se evacuaram estas ordens de assentos? Que vem a ser que assim que te sentaste, todos os consulares, que designaste para a morte, deixaram devoluta e nua esta parte de assentos? Enfim de que ânimo julgas levar isto? Por certo que se os meus servos me temessem da sorte que a ti temem os teus patrícios, abandonaria sem demora a minha casa; e tu ainda te não resolves a deixar a cidade? Se eu me visse tão gravemente suspeito e ofendido de meus cidadãos, antes quereria carecer da sua presença, que sofrer que com tão maus olhos me vissem todos. E tu, conhecendo pelo próprio remorso de teus delitos esta justa e geral indignação, que há tanto mereces, ainda duvidas retirar-te da vista e presença daqueles que te não podem suportar nem ver? Se teus pais se temessem de ti e te aborrecessem, e os não pudesses em nenhum modo aplacar, creio te retirarias de seus olhos para outra parte; pois, agora que a pátria, mãe comum de todos nós, te aborrece e teme, não julgando de ti outra coisa senão que meditas o seu matricídio, por que não respeitarás a sua autoridade, seguirás o seu juízo, temerás o seu poder? Ela é a que, como falando contigo, te diz desta sorte: muitos anos há que não houve maldade que não viesse de ti, nenhum delito sem ti; em ti só não se castigou a morte de muitos cidadãos, as opressões e roubos de nossos aliados. Não só tiveste poder de infringir as leis e as causas, mas de as abolir. Ainda que tudo isto não se devia

tolerar, ainda assim o sofri como pude; mas agora, estar eu toda cheia de medo por causa de ti somente, o temer-se Catilina com qualquer alarma que se dê, o não se poder tomar conselho algum contra mim, que não dependa da tua protérvia, não se deve levar à paciência. Portanto, vai-te já daqui, livra-me deste temor, se bem fundado, para não estar oprimida, se vão, para deixar de temer.

O Senado e Catilina

8. Se, como disse, a pátria te dissesse estas coisas, não mereceria conseguir sua pretensão, ainda que a não pudesse conseguir com força? Por que motivo tu próprio te foste entregar à prisão? Com que fim disseste que, por evitar suspeitas, querias morar em casa de Marco Lépido, do qual não sendo recebido, te atreveste a vir também comigo e pedir-me te recolhesse em minha casa? E recebendo de mim por resposta que em nenhum modo podia estar seguro contigo dentro das mesmas paredes, havendo grande risco ainda dentro dos mesmos muros, buscaste a Quinto Metelo, pretor, do qual repudiado, passaste para casa do teu companheiro, o excelente varão Marco Marcelo, a quem avaliaste de suma diligência para te guardar, de suma sagacidade para vigiar e de sumo valor para te vingar. Mas quão longe deve estar do cárcere e prisão quem se julga a si mesmo digno dela? Sendo isto assim, Catilina, não podendo aqui viver com ânimo sossegado, duvidas ir-te para alguma terra e entregar à fugida uma vida salvada de muitos castigos justos e merecidos? Já que assim é — dizes tu — propõe isso ao Senado. E se esta ordem resolver que vás para o desterro, prometes obedecer-lhe? Não proporia tal, por desdizer de meus costumes, mas ainda assim o farei, para que saibas o que eles juram de ti. Sai já de Roma, Catilina, livra de temor a República; se esperas por este preceito, parte já para o desterro. Pois que, Catilina, que atendes? Que consideras no silêncio dos circunstantes? Sofrem, calam-se; para que esperas que falem com autoridade aqueles que bem te dão a conhecer a sua vontade calando? Se eu dissesse semelhantes coisas a este ótimo mancebo Públio Séxtio, ou ao meritíssimo Marco Marcelo já o Senado a mim cônsul me faria violência, e com razão me poria as mãos; mas quanto a ti, Catilina, quando se acomodam, aprovam; quando sofrem, determinam; quando calam, clamam; nem só estes, cuja autoridade amas e vidas desprezas, mas também aqueles honradíssimos cavaleiros romanos e os outros cidadãos de valor que rodeiam o Senado, cujo concurso pouco há

que pudeste ver, conhecer sua vontade, e ouvir suas palavras, cujas mãos e armas há muito que mal posso conter, que vão sobre ti, fácil me é persuadi-los te acompanhem até as portas, como a quem deixa o que há muito deseja destruir.

Cícero prevê os ódios contra si

9. Mas para que falo eu? Para que te contenhas? Para que te emendes? Para que cuides em fugir? Para que tragas ao pensamento algum desterro? Oxalá te metessem tal na cabeça os deuses imortais! Ainda que vejo que, se aterrado com estas minhas vozes te resolveres a desterrar-te, quanta tempestade de ódio não virá sobre mim por causa da fresca memória das tuas maldades, se não for agora, ao menos para o futuro; mas eu o estimo muito, contanto que a calamidade seja particular e fique salva a República do perigo. Mas não há que pretender te façam abalo teus vícios, que te amedrontem os castigos das leis, que cedas às calamidades da República; nem tu és sujeito de qualidade a quem o pejo desvia da torpeza, dos perigos o temor, ou da insolência a razão. Portanto, como já disse repetidas vezes, vai-te daqui; e se, como dizes, porque sou teu inimigo me queres exasperar, caminha direito para o desterro; grande tempestade de censuras e malquerenças tenho de sofrer, se por mandado do cônsul fores desterrado; mas eu as sofrerei. Porém se não queres concorrer para o meu crédito e glória, sai com essa enorme quadrilha de perversos; parte para Mânlio, subleva cidadãos perversos, separa-te dos bons, peleja contra a pátria, regozija-te com essa ímpia quadrilha, de modo que não pareça te desterro para os estranhos, mas que os teus te convidam à sua companhia. Mas para que te convido eu, sabendo que já mandaste os homens que te esperam armados na Praça Aurélia; sabendo que com Mânlio tens aprazado dia certo; e que remeteste adiante aquela águia de prata a que levantaste altar em tua casa, a qual creio te há de ser funesta a ti e a todos os teus. Como poderás agora, indo a essas mortandades, carecer muito tempo daquela a quem costumavas venerar, de cujos altares passaste muitas vezes essa ímpia mão direita para homicídios de cidadãos?

Catilina que vá para junto dos seus amigos

10. Irás enfim algum dia para onde há muito te arrebata essa desenfreada e louca ambição, o que te não dá pena, mas gosto excessivo; pois para esse desvario te gerou a natureza, adestrou a vontade e guardou a fortuna; nunca tu desejaste não digo já ócio, mas nem ainda guerra, senão iníqua, agregando um exército de gente perdida e desesperada de toda a fortuna e esperança. Que alegria não será ali a tua? Quão excessivo o prazer? Com que júbilo não folgarás loucamente, quando nessa tua aluvião de gente não vires um só homem de bem? Para semelhante modo de vida se encaminharam aqueles teus laboriosos exercícios, que se contam, de jazeres para executar e manter adultérios e abominações; velar não só para armar traições ao sono dos maridos, mas também aos cabedais dos ociosos. Terás onde ostentar aquele teu ilustre sofrimento de fome, frio e penúria de tudo, com que brevemente te verás consumido. Tanto como isto aproveitei, quando te excluí do consulado, para que antes perseguisses a República desterrado, do que a vexasses cônsul, e para que o que iniquamente empreendeste mais se chamasse latrocínio do que guerra.

Cícero não teme o ódio ou os perigos e cuida da salvação da pátria

11. Agora, Padres Conscritos, para desterrar e repelir de mim uma quase justa queixa da pátria, concedei toda a atenção ao que vos vou dizer, e o imprimi bem em vossos ânimos e memória. Se a pátria, pois, (que amo mais do que a vida) se toda a Itália e toda a República me dissessem: Que fazes, Marco Túlio? Consentes se vá embora aquele que sabes ser inimigo, aquele que vês há de ser o general de uma iminente guerra, a quem sabes o esperam por seu capitão os arriais inimigos, o autor desta protérvia, o príncipe dos conjurados, o sublevador dos servos, o arruinador das cidades, parecendo deste modo não que o lançaste fora da cidade, mas que o mandaste vir contra ela? Por que não o mandaras antes prender, matar e punir com o último suplício? Que é que te impede? Porventura o costume dos maiores? Não sucedeu poucas vezes castigarem os particulares com pena de morte a cidadãos perversos. Porventura as leis que estabelecem o castigo de cidadãos romanos? Nunca nesta cidade lograram foro de cidadãos os que se rebelaram contra a República. Temes acaso o ódio da posteridade? Notável agradecimento dás ao povo romano,

pois não sendo conhecido senão pelos teus predicados pessoais, sem nenhuma recomendação de antepassados, te elevou tão velozmente por todos os graus de honra ao supremo governo, se por atenção a ódio ou temor de algum perigo fazes pouco caso do bem dos teus concidadãos. E se algum temor tens de ódio, não é mais para temer que aborreçam a cobardia e protérvia, do que a severidade e valor? Porventura quando a guerra assolar a Itália, quando as cidades forem vexadas, e arderem os edifícios, parece-te que não arderás tu então no incêndio do ódio?

Os motivos pelos quais Cícero não reputa acertada a condenação à morte de Catilina

12. A estas justíssimas razões da República e daqueles cidadãos que sentem o mesmo, responderei eu em poucas palavras. Se eu, Padres Conscritos, tivesse por mais acertado condenar à morte a Catilina, não concedera a este gladiador uma só hora de vida. Porque se os outros heróis e nobilíssimos cidadãos se não contaminaram, mas honraram com o sangue de Saturnino, dos Gracos e de Flaco, por certo não teria eu de recear que, morto este parricida de cidadãos, me resultassem daqui ódios para a posteridade; e ainda que os visse iminentes sobre mim, sempre assentei reputar por glória malquerenças resultadas de obras de valor. Contudo, há alguns nesta ordem que ou não vêem o que está para vir, ou, se o vêem, dissimulam; os quais fomentaram as esperanças de Catilina com brandas sentenças; e, não dando crédito à conjuração, a arreigaram à nascença; e, se eu o castigasse, muitos, não só perversos, mas também faltos de experiência, seguindo a opinião daqueles, diriam que eu agira com crueldade e despotismo. Agora porém entendo que quando ele chegar aos arraiais de Mânlio, para onde caminha, não haverá ninguém tão insensato que não conheça estar feita a conjuração, ninguém tão ímprobo que o não confesse. Mas morrendo ele só, creio que só por um pouco se poderá reprimir esta ruína da República, e não acabar inteiramente. Se der consigo daqui fora, levando de companhia os seus e, agregando de toda parte os desgarrados, os levar para o mesmo lugar, extinguir-se-á não só esta enorme peste da República, mas a mesma semente e geração de todos os perversos.

Peroração, invocação a Júpiter

13. Muito tempo há, Padres Conscritos, que andamos metidos nestes perigos de conjurações e traições; mas não sei por que causa os frutos de todas as maldades e insolências brotaram em tempo do meu consulado. Se porém de tão grande corrupção for morto só este, entendo que só por um pouco tempo ficaremos livres de cuidado e temor, e durará o perigo e ficará reconcentrado nas veias e entranhas da República. Assim como os enfermos de doença grave, que padecem frio e febre, bebendo água fria, ao princípio parecem ficar aliviados, mas depois se sentem muito mais aflitos, assim esta enfermidade da República, se a aliviarmos com o castigo deste, ficando vivos os mais, se agravará com maior veemência. Portanto, Padres Conscritos, retirem-se os perversos, separem-se dos bons, juntem-se a uma parte; enfim, como já disse muitas vezes, dividam-se de nós com o muro; cessem de armar traições ao cônsul em sua casa, de cercar a morada do pretor de Roma, de rondar com armas o Senado, de juntar feixes e archotes para abrasar esta corte, enfim traga cada um escrito no rosto o que sente da República. Eu vos prometo, Padres Conscritos, que tanta será em mim a diligência, tanta em vós a autoridade, tanto nos cavaleiros romanos o valor, tanta em todos os bons a concórdia, que com a retirada de Catilina tudo vejais manifesto, ilustrado, suprimido, vingado. Com estes prognósticos e sumo proveito da República parte já Catilina, com essa tua pestilencial quadrilha de protervos, que se agregaram com todo o gênero de maldades e parricídios para essa ímpia e execranda guerra. Então, Júpiter Stator, que aqui foste colocado por Rômulo com os mesmos auspícios com que fundou esta cidade, e a que com verdade chamamos Stator desta corte e Império, o apartarás e a seus sócios de teus altares e templos, dos edifícios da cidade e seus muros, das vidas e bens dos cidadãos, e a todos os inimigos dos bons, a todos os adversários da pátria, a todos os ladrões da Itália, juntos entre si com o vínculo de seus delitos e abominável sociedade, vivos e mortos os castigarás com eternos suplícios.

❖

Catilinária II

Pronunciada no dia 9 de novembro, isto é, somente um dia depois da primeira, em uma assembléia popular, é a segunda catilinária uma das mais perfeitas, do ponto de vista estético, entre as orações de Cícero. Catilina, amedrontado pela acusação do cônsul, resolveu deixar a cidade e juntar-se a Mânlio. Esta fuga é uma confissão de culpa, e como tal Cícero a interpreta e comenta. Defende-se de duas acusações que lhe podem ser imputadas: a de excessiva indulgência, por ter deixado fugir a Catilina, e a de excessiva severidade por ter constrangido ao exílio um cidadão romano sem ter as provas da sua culpa. Descreve, depois, Cícero as categorias de cidadãos que estão do lado dos conjurados. Contra essa gente, contra esses degenerados, não há dúvida nenhuma que os homens de bem que defendem a liberdade terão vitória certa e esmagadora.

Exórdio
Cícero felicita-se pela fuga de Catilina

Enfim, romanos, lançado tenho fora, despedido e seguido na saída, com minhas palavras, a Lúcio Catilina, que insolentemente se enfurecia, respirando atrocidades e maquinando perfidamente a ruína da pátria. Já alfim[1] se foi, retirou, escapou e arremessou daqui fora; já aquele monstro e abismo de maldade não forjará perdição alguma contra estes muros, dentro deles. Vencido temos por certo a este único general da guerra civil; já não andara entre nós aquele punhal, já não o temeremos no campo, nem no foro, nem no Senado, nem enfim dentro de nossas domésticas paredes. Excluído ficou do seu posto, quando foi lançado da cidade; já faremos justa guerra

---

[1] *Alfim*: finalmente, afinal. (N. do E.)

com o inimigo, sem que ninguém o impeça. Deitamos sem dúvida a perder o homem e o vencemos gloriosamente, quando de ocultas traições o lançamos em um manifesto latrocínio. E se não levou a espada ensangüentada, como queria, se saiu, ficando nós vivos, se lhe arrancamos as armas das mãos, se deixou salvos os cidadãos e em pé a cidade, com que tristeza vos não parece ficaria ele aflito e acabrunhado? Agora derribado está, romanos, e vendo-se destruído e rechaçado, certamente volve muitas vezes os olhos a esta cidade, chorando de não a ter podido tragar; e ela me parece estar-se alegrando de ter vomitado e lançado fora esta horrenda peste.

Catilina saiu da cidade. Os seus amigos, porém, ficaram em Roma

2. Porém se alguém há de tal gênio (qual convinha que todos tivessem) que disto mesmo, de que a minha oração se alegra e triunfa, me acuse fortemente por não ter antes prendido que lançado fora tão capital inimigo, não é esta culpa minha mas dos tempos. Muito há que convinha ter morto e castigado a Catilina com grandíssimo suplício, segundo de mim o requeria o costume dos maiores, a severidade deste Império e a República. Mas quantos julgais haveria que não dariam crédito ao que eu denunciasse? Quantos néscios vos parece se não havia a capacitar? Quantos o defenderiam? Quantos com maldade lhe dariam favor? Se dando cabo dele entendesse ficáveis livres de perigo, muito há que eu tivera morto a Catilina, não só com risco de ódios, mas da própria vida; porém como via que nem todos tínheis ainda isto por certo, e que, se o punisse de morte, como merecia, oprimido com inimizade, não poderia eu perseguir a seus sócios, reduzi o negócio a estes termos, de poderdes pelejar quando vísseis claramente o inimigo. E, realmente, ó Romanos, convém que percebais quão deveras terrível eu julgo ser lá fora esse inimigo, por isso que até pesarosamente eu suporto que tenha saído da cidade pouco acompanhado. Oxalá ele levasse consigo todas as suas tropas. Levou-me a Tongilo que ele começou a amar desde a meninice; a Publício e Munácio, que carregados de dívidas que contraíram por glutões, nenhum medo podiam meter à República. E que casta de homens deixou ele? Não são os mais endividados, sem poder, sem nobreza?

Os armados de Catilina não devem ser temidos

3. Portanto, com estas legiões gaulesas, e com estas levas de soldados que Quinto Metelo fez no campo Piceno e Galicano, e com estas tropas que agregamos cada dia, em sumo desprezo tenho aquele exército amontoado de velhos estropiados, camponeses licenciosos e rústicos estragados; daqueles que antes quiseram não comparecer em juízo do que deixar de seguir aquele exército; aos quais, se eu lhes mostrar, não digo o poder do nosso exército, mas o édito[2] do pretor, ficarão aterrados. Antes eu quisera que tivesse levado consigo a estes que vejo andar vagando pela praça, estar junto à cúria e vir ao Senado; que reluzem com ungüentos e brilham com galas; e se estes permanecerem aqui, lembrai-vos de que nós não devemos recear aquele exército tanto quanto os que tal exército abandonaram. E ainda estes se devem temer mais, por uma razão particular, qual é pressentirem que eu sei o que meditam, e nem assim se moverem. Sei a quem foi cometida a Apúlia, a quem coube a Etrúria, a quem o campo Piceno, a quem o Galicano, quem requereu para si as traições domésticas de mortandades e incêndios desta cidade; sabem que todas as deliberações da noite antecedente me foram noticiadas; manifestei-as ontem no Senado; fugiu o mesmo Catilina; estes que esperam? Muito se enganam se esperam que dure sempre a minha brandura.

Felicidade da República pela fuga de Catilina

4. Tenho conseguido o que desejava, isto é, que todos vós conhecêsseis estar formada a conjuração contra a República, salvo se há quem se persuada que os semelhantes de Catilina não sentem como Catilina. Já não tem lugar a brandura, a mesma matéria está clamando por severidade; uma coisa lhes concedo ainda: saiam, retirem-se, não consintam que o infeliz Catilina se consuma com saudades suas; mostrar-lhes-ei o caminho; tomou pela estrada Aurélia; se quiserem apressar-se, o alcançarão de tarde. Oh afortunada República, em lançar fora esta sentina[3] da cidade. Por certo que com esta só retirada de Catilina me parece ficou aliviada e contente a República. E que

---

[2] *Édito*: ordem judicial publicada por anúncios ou editais. (N. do E.)

[3] *Sentina*: pessoa viciosa, desmoralizada. (N. do E.)

maldade ou crime se pode fingir nem excogitar que não concebesse? Que venéfico, que briguento, que ladrão, que assassino, que parricida, que falsificador de testamentos, que onzeneiro, que lascivo, que dissoluto, que adúltero, que meretriz, que estragador da mocidade, que vicioso, que perdido é possível achar em toda a Itália que não confesse ter vivido com Catilina familiarissimamente? Que homicídio se fez nestes anos sem ele? Houve sujeito algum que fosse de tanto tropeço à mocidade como ele? Ora amava a um com suma torpeza, ora servia ao amor de outros abominavelmente; a estes prometia o fruto da sua desonestidade, àqueles a morte de seus pais, não só compelindo-os, mas ajudando-os. E com que presteza não juntou da cidade e dos campos uma aluvião de gente perdida? Não houve, não digo já em Roma, mas em canto algum da Itália, homem acabrunhado de dívidas a quem não convocasse para esta inaudita e atroz conspiração.

Os inimigos da pátria serão punidos

5. E para que conheçais os seus diversos exercícios em várias classes de matérias, não há gladiador distinto por seu atrevimento que não confesse ter sido amigo de Catilina; nenhum comediante leviano e depravado que não diga fora seu companheiro. Contudo, a um sujeito assim acostumado a adultérios e maldades, e a sofrer fome, sede e vigílias, o aclamavam eles por valoroso, quando empregava os subsídios e os instrumentos da virtude na luxúria e na ousadia. Se estes seus sócios o seguirem, se da cidade saírem infames aluviões de homens desesperados, que felizes nós, que afortunada a República, que ilustre e nobre será o meu consulado! Não são de pouca monta os desregramentos desses homens, nem humanos e toleráveis os seus atrevimentos; nada cogitam senão mortes, incêndios, roubos. Estragaram seu patrimônio, consumiram em comezainas seus bens, há muito que a fazenda e há pouco o crédito lhes começou a faltar; permanece porém a luxúria que possuíam em abundância. Se no vinho e jogo buscassem somente glutonerias e meretrizes, nada deles se podia esperar, contudo se deviam sofrer; mas quem levará em paciência que homens cobardes armem traições a varões fortíssimos, os estultos aos mui prudentes, os glutões aos sóbrios, os sonolentos aos vigilantes; os quais pondo-se à mesa banquetes, abraçados com mulheres impudicas, languidos com o vinho, oprimidos de fastos, coroados de flores, untados de pomadas, debilitados com adultérios, arrotam em seus falares mortandades de bons e incêndios da cidade?

A estes creio estar iminente alguma fatalidade, e próximo, ou que certamente se lhe vem chegando, o castigo devido à sua protérvia, maldade, insolência e desonestidade; e se o meu consulado os puder arrancar, pois os não pode sarar, se propagará a República não por pouco tempo, mas por muitos séculos. Não há nação alguma a que ao presente temamos; não há rei que possa fazer guerra ao povo romano; todas as coisas externas estão em sossego por terra e por mar, pelo valor de um só homem; a guerra doméstica é a que persiste, dentro estão as traições, dentro está o perigo, dentro o inimigo; com a luxúria, com a loucura, com a insolência temos de pelejar. Desta guerra, romanos, me declaro por general; sobre mim tomo a raiva de homens perdidos; o que de algum modo se pode curar, o curei; o que se houver de cortar, não consentirei se difunda em prejuízo da cidade. Portanto, ou saiam ou se aquietem; e se persistem na cidade com a mesma tenção[4], bem podem esperar o que merecem.

Catilina foi juntar-se a Mânlio

6. Mas ainda há, romanos, alguns que dizem que Catilina fora por mim desterrado; os que semelhante coisa dizem, os desterraria eu, se o pudesse conseguir com minhas palavras. Não pôde aquele timorato e modestíssimo homem sofrer a voz do cônsul, que o mandara ir para o desterro; obedeceu, foi. Ontem, romanos, depois que por pouco não me mataram em minha casa, convoquei o Senado para o templo de Júpiter Stator, onde relatei o sucedido aos Padres Conscritos; concorrendo ali Catilina, que senador houve que o nomeasse? Quem o saudou? Quem enfim deixou de olhar para ele, como para um cidadão perdido, ou, para melhor dizer, um execrando inimigo? Além disto, os principais daquela ordem deixaram vaga e nua aquela parte dos assentos, onde ele se chegou. Então eu, aquele cônsul rigoroso que com palavras desterra os cidadãos, perguntei a Catilina se na sua assembléia noturna estivera ou não na casa de Marco Leca; e, como aquele atrevidíssimo homem, convencido da sua própria consciência, se calasse, manifestou o demais: disse-lhe o que obrara naquela noite, onde estivera, que determinara, como estava delineada toda a forma da guerra. Hesitando ele e parando, lhe perguntei por que duvidava ir para onde havia

---

[4] *Tenção*: resolução, plano. (N. do E.)

tanto tinha determinado; sabendo eu ter ele enviado adiante armas, machados, feixes, trombetas, estandartes e aquela águia de prata a que fez altar em sua casa. Impeli para o desterro aquele que via ter já principiado a guerra? Mas julgo que este Mânlio (o centurião que assentou arraiais no campo de Fésulas) em seu nome publicou a guerra ao povo romano; que aqueles arraiais não esperam agora a Catilina por seu general; e que ele, desterrado, caminhará, segundo dizem, para Marselha, e não para aqueles arraiais?

Cícero disposto a tudo sofrer
para que a República se salve

7. Infeliz sorte é a de quem administra e conserva a República. Se agora Catilina, embaraçado e atônito com minhas resoluções, trabalhos e perigos, e repentinamente aterrado, mudar de parecer, desamparar os seus, se deixar do projeto de fazer guerra, e deste caminho que levava para atrocidades e pelejas voltar os passos para a fugida e o desterro, não se há de dizer que eu o despojei de armas insolentes, nem que fora atônito e aterrado com minhas diligências, nem repelido de suas esperanças e pretensões, mas que, sem ser condenado e inocente, o desterra o cônsul com a violência e ameaças; e ainda haverá quem, fazendo-o ele assim, o não tenha por perverso, mas digno de compaixão, e a mim não por cônsul diligentíssimo, mas cruelíssimo tirano. Muito estimo, romanos, experimentar a borrasca desse ódio sem causa e injusto, contanto que vós fiqueis livres do perigo desta horrível e execranda guerra. Diga-se embora que eu o lancei, contanto que vá para o desterro; mas crede-me que não há de ir. Nunca eu, romanos, por me livrar de malquerenças, chegarei a pedir aos deuses imortais que ouçais que Catilina vem capitaneando exército inimigo e discorre armado pela campanha, mas ainda assim dentro de três dias o ouvireis. Muito mais temo que em algum tempo se irem por não o ter antes lançado por força, do que por o ter despedido; mas se há sujeitos que, tendo-se ele ido, dizem que fora lançado, se fosse morto, que diriam? Ainda que os que dizem que Catilina fora para Marselha, não tanto se queixam disto como o receiam. Nenhum destes é tão compassivo que não queira antes que ele vá para Mânlio, do que para Marselha. Mas se o que ele obra o não considerasse primeiro, por certo que antes quereria ser morto no roubo do que viver desterrado; agora, porém, que nada lhe tem sucedido fora da sua vontade e pensamento, exceto o sair de Roma,

ficando nós vivos, antes desejemos que vá para o desterro do que nos queixemos disso.

As classes de cidadãos nocivos à República

8. Mas para que falo tanto tempo de um inimigo, e tal inimigo que confessa que o é, e a quem não temo, porque um muro está no meio, como sempre desejei? Destes que ficam em Roma, que estão conosco, não dizemos nada? Na verdade, sendo possível, eu os não desejo tanto castigar como sarar e reconciliar com a República; nem sei por que não possa ser, se me quiserem ouvir. Expor-vos-ei, pois, romanos, os gêneros de homens de que se formam estes esquadrões; e depois aplicarei a cada um o remédio que puder, com meu conselho e oração. Os primeiros são aqueles que, tendo grandes dívidas, têm ainda maiores cabedais, de cujo amor prendidos se não querem soltar. A aparência destes homens é muito honesta, pois são ricos; porém a vontade e o procedimento são desavergonhadíssimos. Tu com campos, tu com propriedade de casas, tu com dinheiro, tu com família, tu adornado e abundante de tudo e duvidas cortar pelas tuas posses e redobrar o crédito? Que é que esperas? A guerra? Para quê? Julgas que na assolação geral de tudo hão de ser privilegiados os teus bens? Esperas novas tábuas? Enganam-se os que as esperam de Catilina. Por benefício meu saíram a público novas tábuas, mas para se venderem os bens em almoeda; nem estes que têm posses se podem de algum outro modo livrar das dívidas; e se já se tivessem resolvido a fazê-lo e não quisessem pagar as usuras com o fruto dos seus prédios, críamos agora mais ricos e melhores cidadãos. Mas parece-me que estes homens se não devem temer, porque, ou se podem apartar desta opinião ou, se persistem nela, mais me parece que farão súplicas à República do que tomarão armas contra ela.

Segunda e terceira classes de cidadãos nocivos

9. Outro gênero é o daqueles que, carregados de dívidas, esperam contudo, e querem mandar e governar, crendo que, perturbada a República, conseguirão as honras que não podem obter com ela sossegada. Aos quais me parece se deva intimar isto unicamente, como todos os mais, a saber, que tirem o sentido de poder obter o que pretendem; primeiramente, porque eu sou o que velo, presido e governo a República. Além disso, porque há ânimos grandes nas

pessoas de probidade, grande concórdia, grande multidão, grandes tropas de soldadesca; enfim, porque os deuses imortais presentes hão de dar auxílio a este invicto povo, nobilíssimo Império e formosíssima cidade, contra tão enorme maldade. E no caso que cheguem a conseguir o que desejam com a maior insolência, porventura esperam nas cinzas da cidade o sangue dos cidadãos, seus cônsules, ditadores ou ainda reis, conforme o deseja seu ânimo perverso e malvado? Não vêem que, se conseguirem o que desejam, forçosamente o hão de conceder a algum foragido ou gladiador?

O terceiro gênero é de idade já avançada, mas robusta com o exercício; a cujo gênero pertence o mesmo Mânlio a quem sucede agora Catilina. São estes homens daquelas colônias que Sila constituiu em Fésulas, as quais entendo serem todas de ótimos cidadãos e varões fortíssimos; mas, estes são camponeses que com dinheiros inesperados e repentinos se ostentam com grande pompa; estes são os que ao mesmo tempo edificam como afortunados, se gloriam com prédios, liteiras, numerosas famílias, aparatosos banquetes, encravando-se em dívidas, de sorte que se quiserem se ver livres delas têm de ressuscitar a Sila da sepultura; os quais foram também os que meteram a alguns rústicos pobres e necessitados em esperança daquelas rapinas. A uns e outros ponho do mesmo gênero de ladrões e roubadores; e os aconselho que deixem de seus furores e tirem o pensamento de banimentos e ditaduras. Tão escaldada está esta cidade do que lhe sucedeu naqueles tempos, que me parece não só os homens, mas nem ainda os brutos sofrerão tal coisa.

Quarta e quinta classes de cidadãos nocivos

10. O quarto gênero é na verdade vário, mesclado e turbulento: estes há muito se vêem oprimidos de modo que nunca levantaram a cabeça; dos quais uns por inércia, outros por má administração de bens, e outros também por gastos, perigam por dívidas antigas; e, cansados de citações, condenações e penhoras, se diz passaram muitos da cidade e dos campos para aqueles arraiais. A estes não tenho eu tanto por soldados valorosos como negadores brandos. Se estes homens não podem subsistir, caiam, mas de sorte que não só a cidade, mas nem ainda os seus vizinhos próximos o sintam; não entendo por que causa, não podendo viver com decoro, querem morrer com infâmia; ou por que razão se capacitam será menor a sua dor morrendo acompanhados do que sós.

O quinto gênero é de parricidas, brigões e demais facinorosos; os quais eu não separo de Catilina, pois se não podem arrancar dele; morram embora na quadrilha já que são tantos que não cabem no cárcere. O último gênero de homens é não só do número, mas da mesma geração e vida própria de Catilina, da sua escolha e ainda da sua amizade e afeto; estes são os que vedes de cabelo penteado, polidos, sem barba ou bem barbados, com túnicas de mangas e talares[5], envolvidos em véus e não em togas; dos quais toda a atividade de vida e trabalho de vigilância se manifesta nas ceias das madrugadas. Nestes rebanhos andam todos os jogadores, todos os adúlteros, todos os impuros e desonestos; estes meninos não lépidos e delicados, não só aprendem a amar e ser amados, a cantar e dançar, mas também a esgrimir punhais e ministrar venenos; se estes não saírem e perecerem, ainda que Catilina pereça, sabei que haverá na República este seminário de Catilina. Mas que pretendem estes infelizes? Porventura hão de levar consigo as suas mulherzinhas para os arraiais? Como poderão estar sem elas, principalmente nestas compridas noites? Como poderão aturar Apenino e aquelas saraivas e neves? Salvo se julgam sofrerão mais facilmente o inverno, por terem aprendido a dançar nus nos banquetes? Que temerosíssima guerra quando Catilina se achar com esta coorte de lascivos!

Os virtuosos combatem contra os nocivos

11. Aparelhai agora, romanos, contra tão ilustres tropas de Catilina os vossos presídios e os vossos exércitos; oponde primeiramente àquele estropiado e consumido gladiador os vossos cônsules e generais; e contra aquela esquadra de arrogantes e fracos naufragantes levai a flor e valentia de toda a Itália; as cidades das colônias e municípios competirão com as rústicas aluviões de Catilina. Quanto às demais tropas, adornos e presídios vossos, eu me não atrevo a compará-los com a penúria e miséria daquele ladrão. Porém, se deixadas estas coisas de que abundamos, ele necessita de Senado, de cavaleiros romanos, de cidade, de erário, de tributos, de toda a Itália e de todas as províncias, e das nações estrangeiras; se deixadas, digo, estas coisas, quisermos que contendam entre si as mesmas causas

---

[5] *Talares*: peça de vestuário que desce até o calcanhar. (N. do E.)

litigantes, daqui mesmo poderemos conhecer quão prostrados eles estejam. Desta parte peleja o rubor, daquela a dissolução; daqui a piedade, dali a protérvia; daqui a lealdade, dali a perfídia; daqui a constância, dali a insolência; daqui a honestidade, dali a torpeza; daqui a continência, dali a luxúria; daqui enfim a justiça, a temperança, a fortaleza, a prudência e todas as virtudes pelejam com a iniqüidade, com a lascívia, com a cobardia, com a temeridade e com todos os vícios; e por último a abundância com a pobreza, a reta razão com a sem-razão, o bom juízo com a demência, e a boa esperança com a desesperação de todas as coisas. Em semelhante contenda a batalha, ainda que faltem as diligências dos homens, porventura os mesmos deuses imortais não darão favor para que estas preclaríssimas virtudes vençam a tantos e tão enormes vícios?

Defendam, os romanos, as suas casas

12. Sendo isto assim romanos, defendei, como já vos disse, as vossas casas com guardas e vigias; quanto a mim, tenho dado as ordens e providências precisas sobre a segurança da cidade, sem incômodo vosso nem tumulto algum. Todos os das colônias e municípios, certificados por mim desta invasão noturna de Catilina, facilmente defenderão suas cidades e contornos. Os gladiadores, de que agregou o maior esquadrão, que entende ser seguríssimo, posto que estejam de melhor ânimo que parte dos patrícios, contudo serão reprimidos pelo nosso poder. Quinto Metelo, a quem eu, antevendo isto, mandei diante para o campo Piceno e Galicano, ou dará cabo do homem ou atalhará todos os seus movimentos e pretensões; do mais que se deve determinar, obviar e executar darei logo parte ao Senado, que já vedes convocar-se. Quanto aos que ficaram em Roma e nela foram deixados por Catilina, certamente para ruína da cidade e de todos vós, posto que sejam inimigos, como nasceram cidadãos, os quero uma e outra vez admoestar. Se a alguém parece frouxa a minha mansidão até agora, saiba que só esperou se fizesse público o que estava encoberto; quanto ao mais, não me posso esquecer de ser esta a minha pátria, ser eu cônsul destes seus habitadores, e que com eles hei de viver, ou por eles morrer. As portas estão sem guardas, não há traidor algum pelo caminho; se alguém quiser sair, pode atender por si; o que na cidade se amotinar, de quem eu souber não só ação, mas princípio algum dela, ou intento contra a pátria, experimentará haver nesta cidade cônsules vigilantes, excelentes magistrados, um

integérrimo Senado, armas e cárceres que nossos maiores quiseram servissem para castigar delitos manifestos e atrozes.

Peroração

13. Tudo isto, romanos, se executará de sorte que, sendo eu o único capitão e general togado, se apaziguarão as mais relevantes coisas sem o menor rebuliço, os maiores perigos, e a guerra intestina e doméstica mais cruel de que há memória, sem o menor tumulto; o que ordenarei em forma, romanos, que quanto puder ser, ninguém, ainda protervo, pagará nesta cidade a pena do seu delito. Mas se a força de um manifesto atrevimento e o iminente perigo da pátria me demoverem forçadamente desta brandura de ânimo, executarei o que parece apenas se podia desejar em tão enorme e atraiçoada guerra; a saber que nenhum dos bons pereça, e com o castigo de poucos possais ficar salvos. Isto, romanos, vos não prometo fiado na minha prudência e conselhos humanos, mas em muitas e indubitáveis insinuações dos deuses imortais, pelos quais guiado, entrei nesta esperança e projeto. Eles são os que não de longe, como costumavam dantes, nem de inimigos externos e remotos, mas aqui presentes, com o seu poder e auxílio, defendem os templos e casas de Roma. Rogai-os, romanos, e venerai-os como deveis, para que vencidas todas as forças inimigas por terra e por mar, defendam aquela cidade que quiseram fosse a mais formosa, florescente e poderosa, da execranda perversidade de cidadãos perdidos.

❖

Catilinária III

Os conjurados que Catilina, ao abandonar a cidade, tinha deixado em Roma, articulam-se e tentam tratativas com os embaixadores dos Alábrogos, que por acaso se encontravam em Roma, para patrocinar a causa dos seus patrícios contra os governadores romanos. Em conseqüência de delações, afinal, Cícero consegue provas materiais da conjuração. Na noite de 2 de dezembro manda prender os principais conjurados. Na manhã do dia 3, reúne o Senado e procede ao interrogatório dos presos. O Senado resolve que os imputados continuem em estado de detenção e decreta que o cônsul seja publicamente agradecido pela sua ação em defesa da pátria. Acabada a sessão do Senado, Cícero pronuncia a terceira
catilinária para informar ao povo, reunido no foro, da marcha dos acontecimentos. Diz que nunca Roma correu perigo maior do que o que acaba de desaparecer, sem recorrer a medidas militares, sem perturbação da cidade, unicamente por diligências dele, que soube defender a pátria ameaçada pelos conjurados.
Exorta os romanos a agradecer aos deuses e a continuar na vigilância contra os maus cidadãos.

Exórdio

Ó romanos, vedes que vos foi salvaguardada e restituída a República, a vida de todos vós, os vossos bens e interesses, as vossas esposas e filhos, e esta sede do brilhante império, a muito afortunada e bela cidade, hoje arrebatada às chamas e ao punhal e quase arrancada da garganta do destino, devido à suma benevolência dos deuses imortais para convosco e por meio dos meus trabalhos, conselhos e riscos. E não sendo para nós menos gostosos e ilustres os dias em que somos livres de algum perigo, que aqueles em que nascemos; por ser a alegria da conservação certa, e a condição com que nascemos duvidosa, e porque nascemos sem o sentir e nos conservamos com prazer; por certo que se a Rômulo, fundador desta cidade, colocou a nossa benevolência e aclamação no número dos deuses imortais, também para convosco e vossos descendentes deve ter honra aquele que conservou esta cidade, depois de fundada e engrandecida; pois extinguimos as chamas que quase prendiam e rodeavam todos os templos, altares, casas e muros de Roma e por nós mesmos rebatemos as espadas desembainhadas contra vós, desviando seus fios de vossas cabeças. Sendo tudo isto já aclarado, descoberto e manifesto por mim no Senado, expor-vos-ei agora brevemente, romanos, o modo como o averigüei e vim claramente a compreender, para que vós que o não sabeis e esperais o possais conhecer.

Os entendimentos com os Alóbrogos

2. Primeiramente, tanto que Catilina há poucos dias deu consigo fora desta cidade, deixando nela os sócios da sua protérvia e capitães desta maldita guerra, sempre estive alerta, procurando como nos poderíamos salvar de tão enormes e solapadas traições. Porque, quando lancei fora da cidade a Catilina (pois já não temo que seja odiosa esta palavra, em tempo em que mais se deve temer o ter ele saído com vida), então que o queria exterminar, julguei que os demais conjurados sairiam com ele, ou que, persistindo na cidade, com a sua falta ficariam fracos e debilitados; e tanto que vi que os mais atrevidos e insolentes eram os que estavam conosco e ficavam em Roma, consumi dias e noites em ver o que faziam e maquinavam; porque como entendi que nos vossos ouvidos acharia menos crédito à minha relação, pela incrível exorbitância do atentado, reduzi o negócio a tais termos que cuidásseis na vossa segurança quando vísseis o mal diante dos olhos. Portanto, assim que soube que P. Lêntulo solicitara os enviados dos Alóbrogos, para acender guerra além dos Alpes e levantar tumultos na Gália; e que estes foram remetidos para seus patrícios, de caminho com cartas e avisos para Catilina; e que lhes deram por companheiro a Voltúrcio, também com cartas para Catilina; entendi se me oferecia comodidade de conhecer e manifestar ao Senado e a vós claramente todo o negócio, como sempre pedia aos deuses eternos. Por cuja causa no dia de ontem chamei à minha presença os pretores Lúcio Flaco e Caio Pontínio, tão valorosos como amantes da República, contei-lhes tudo o que se passava e lhes declarei o que me parecia se fizesse. Aceitaram eles a incumbência sem escusa nem demora alguma, como possuídos dos mais nobres e ilustres pensamentos para com a República, e à tardezinha chegaram

disfarçados à ponte Mílvia, onde se separaram um do outro para as quintas vizinhas, ficando-lhes em meio a ponte e o Tibre. Para este mesmo lugar, sem que ninguém o suspeitasse, conduziram muitos homens de valor; e também eu mandei da prefeitura de Reate muitos mancebos escolhidos com armas, dos que ordinariamente me costumo valer para segurança da República. Sendo já quase três horas da noite, entrando na ponte os enviados dos Alóbrogos, e de volta com eles Vultúrcio com grande comitiva, dão os nossos sobre eles; tiram uns e outros as espadas. Só os pretores eram cientes do negócio, os mais o ignoravam.

Encontradas as cartas comprovadoras da conspiração

3. Acudindo neste passo Pontínio e Flaco, se apaziguou a principiada peleja; todas as cartas que havia na comitiva, sem se abrirem, ficaram entregues aos pretores, e aqueles que foram presos foram trazidos a mim ao romper do dia. Imediatamente mandei chamar a Cimbro Gabínio, perversíssimo maquinador de todas estas maldades, que até então nada suspeitava do sucedido. E depois dele foi chamado o mesmo Lúcio Statílio, após este Cetego, e último de todos veio Lêntulo, que, fora do seu costume, entendo que tinha velado toda a noite antecedente ocupado em distribuir as cartas. Pareceu a personagens mui principais e ilustres desta corte, que com a notícia desta surpresa concorreram a mim em grande número, que melhor seria que as cartas se abrissem antes de as apresentar ao Senado, para que no caso que nada se achasse nelas não parecesse que imprudentemente levantara eu tamanho motim na cidade; mas eu disse que não haveria de o fazer, não querendo expor a matéria de um perigo público, senão em um congresso público. Pois ainda no caso, romanos, que se não encontrassem as coisas que me tinham denunciado, ainda assim julguei que em tamanhos perigos da República não devia recear fazer demasiada diligência. Convoquei, como vistes, um numeroso Senado. E entretanto, avisado pelos Alóbrogos, ordenei a Caio Sulpício, homem de valor, que fosse à casa de Cetego, donde ele transportou avultadíssimo número de punhais e espadas.

Os conspiradores são interrogados

4. Fiz que entrasse Vultúrcio sem os gauleses, e lhe prometi por ordem do Senado salvo-conduto, exortando-o a que sem temor dis-

sesse o que sabia. Recobrando-se ele então um pouco do medo, disse que Públio Lêntulo lhe tinha dado instruções e cartas para Catilina, para que se aproveitasse do favor dos servos, e logo marchasse para Roma com o exército; com o projeto de que, pondo fogo à cidade por toda a parte, como estava delineado e distribuído, e feita uma infinita carniceria nos cidadãos, estivesse ele pronto a embaraçar se salvassem os que fugissem, e a ajuntar-se com os seus capitães da cidade. Introduzidos os gauleses, disseram que Lêntulo, Cetego e Statílio lhes tinham dado cartas para os da sua nação e tomado juramento de fidelidade; e que tanto estes como Cássio lhes tinham ordenado que remetessem para a Itália com toda a presteza a cavalaria, pois que tropas de infantaria lhes não faltariam. E que Lêntulo lhes assegurara que, segundo os vaticínios das Sibilas e respostas dos agoureiros, ele era aquele terceiro Cornélio que forçosamente haveria de ter o governo desta cidade e Império; que Cina e Sila tinham sido os dois primeiros que o precederam; e que acrescentara que este ano, o décimo depois do perdão das vestais e vigésimo do incêndio do Capitólio, era o termo fatal desta cidade e Império. Disseram também houvera entre Cetego e os mais este debate que Lêntulo e outros queriam se executasse a mortandade nos dias saturnais, e que a Cetego lhe parecera demasiada esta demora.

Os acusados confessam a traição

5. Por abreviar, romanos, fiz que apresentassem as cartas que diziam lhes havia dado cada um dos conjurados. Primeiramente mostrei a Cetego o seu sinete, cortei o fio, ali; tinha escrito de sua mão: que ele cumpriria com o Senado e com o povo gaulês o que com seus enviados tinha ajustado; e lhes rogava executassem eles também o que seus legados lhes ordenassem. Então Cetego que, pouco antes inquirido acercados punhais e espadas que se lhe acharam, respondera e afirmara que sempre fora curioso de ter boa ferragem; depois de lidas as cartas, desanimado e abatido e convencido da própria consciência, de repente se calou. Introduzido Statílio, reconhecera a sua letra e sinete. Leram-se as cartas que continham quase o mesmo; confessou. Mostrei depois a Lêntulo as cartas, e perguntei-lhe se conhecia o sinete. Disse que sim. E lhe tornei dizendo: bem conhecido é este sinete, por ser a imagem de teu avô, varão esclarecido, que amou cordialmente a sua pátria e cidadãos e que ainda assim mudo como está te devia coibir de semelhante desatino. Pelo mesmo modo

se leram as suas cartas para o Senado e povo dos Alóbrogos. Dei-lhe faculdade de dizer o que quisesse sobre a matéria sujeita. Entrou ele primeiro a negar; passado porém algum tempo, vendo todo o enredo declarado e público, se levantou, perguntando aos gauleses que negócio tinham com ele; e semelhantemente a Vultúrcio, e respondendo estes resumidamente e com firmeza que o negócio era o para que bastantes vezes tinham sido conduzidos à sua casa; e como lhe perguntassem se não tinha com eles comunicado nada dos vaticínios das Sibilas, aturdido então com a enormidade do seu delito, deu a conhecer quanto pode o remorso da consciência; porque, podendo-os contradizer, contra o que todos julgavam de repente se calou. Tanto como isto o desamparou não só aquele talento e eloqüência que sempre teve, mas a insolência e audácia em que a ninguém cedia, por força do crime patente e manifesto. Mandou então Vultúrcio que logo se exibissem as cartas que dizia ter recebido de Lêntulo para Catilina. Aqui, perturbando-se Lêntulo descompassadamente reconheceu, não obstante, o seu sinete e letra. Estavam escritas sem firma por estes termos: "Quem eu seja o poderás saber desse que te envio; cuida em portar-te como homem, considera para onde tens de caminhar, vê o que te é necessário e procura agregar o socorro de todos, ainda dos ínfimos". Foi depois introduzido Gabino, o qual entrando a princípio a responder despropositadamente, por fim não negou nada do que os gauleses o acusavam. Quanto a mim, romanos, tanto tenho por provas certíssimas e indícios de crime as cartas, os sinetes, as notas, e enfim as confissões de cada um deles, como tenho por muito mais certo a cor, os olhos, os semblantes, o silêncio; assim pasmaram, assim pregaram os olhos no chão, assim olhavam de quando em quando uns para os outros às furtadelas, que já não parecia que outrem os descobria, mas eles a si próprios.

As deliberações do Senado

6. Referidas e expostas claramente as provas, romanos, consultei o Senado sobre o que queria se fizesse neste importantíssimo negócio da República. Proferiram os principais aspérrimas e severíssimas sentenças, que sem discrepância seguiu todo o Senado. E porque ainda não está lançado em escritura o decreto, expor-vos-ei de memória o que julgou o Senado. Em primeiro lugar se me deram as graças com honorificentíssimas expressões, por ter com meu valor, conselho e prudência livrado a República de sumos perigos.

Depois disto se deram os merecidos louvores a Lúcio Flaco e Caio Pontínio, pretores, por terem executado as minhas ordens com valor e fidelidade; e também ao constante varão meu colega se deu louvor de não ter admitido, a seus conselhos e da República, os cúmplices da conjuração. E assim julgaram que Públio Lêntulo, sendo deposto da pretoria, fosse preso; e do mesmo modo fossem levados à prisão Caio Cetego, Lúcio Statílio, Públio Gabínio, que todos estavam presentes. O mesmo se decretou contra Lúcio Cássio, que pedira para si a incumbência de pôr fogo à cidade; e contra Marco Cepário, a quem se tinha declarado estar-lhe encarregada a Apúlia, para sublevar os pastores; contra Públio Fúrio, homem daquelas colônias que Sila estabeleceu em Fésulas; contra Quinto Anio Chilo, que sempre andara com Fúrio nesta revolta dos Alóbrogos; contra Públio Umbreno, homem liberto de quem constava ter sido o primeiro que conduzira os gauleses a Gabínio. Deste modo, romanos, se houve o Senado com tal brandura, que, salva a República de tão enorme conjuração e avultado poder e número de inimigos, com o castigo de nove homens perfidíssimos, entendeu se poderia mudar para bem a tenção dos mais. Também em meu nome se decretaram preces públicas aos deuses imortais, em ação de graças pelo singular favor com que me assistiram, coisa que a nenhum togado, senão a mim, sucedeu desde a fundação de Roma. O decreto era concebido nestes termos por ter livrado a cidade de incêndio, os cidadãos de mortandade e a Itália de guerra. As quais preces, romanos, se as compararmos com as outras, acharemos a diferença de que aquelas foram ordenadas por alguma prosperidade da República, estas só por ter sido a mesma conservada. Portanto, tudo o que principalmente se devia fazer, está feito e acabado; porque Públio Lêntulo, ainda depois de convencido pelas provas e pela sua própria confissão, sendo por sentença do Senado degradado não só das prerrogativas de pretor, mas de cidadão, ainda assim renunciou à magistratura; de sorte que, se o ínclito Caio Mário não violou o magistrado quando matou ao pretor Caio Gláucia, contra quem o Senado nada decretara, muito menos o violamos nós castigando a Públio Lêntulo.

Muito maiores teriam sido os perigos se Catilina tivesse ficado em Roma

7. Agora, romanos, que tendes já apanhados e presos os capitães desta iniquíssima e perigosíssima guerra, estais certos de que se arruinaram todas as tropas, todas as esperanças, todas as forças de Catilina. Por certo que quando eu o lancei da cidade, era o meu projeto, romanos, que excluído Catilina não tinha que temer nem a sonolência de Públio Lêntulo, nem a ronçaria de Lúcio Cássio, nem a detestada fúria de Cetego. Aquele era o único entre todos estes que se devia temer, mas só quando estivesse dos muros adentro da cidade; tudo sabia, com todos tinha entrada, tinha poder e ousadia, havia nele talento capaz de grandes planos, e este talento não era desacompanhado de eloqüência e atividade. Para reduzir a efeitos seus diversos desígnios, tinha certos sujeitos escolhidos e designados, e quando ordenava alguma coisa não a dava por feita; em tudo era presente, previsto, vigilante, ativo; nem o podia contrastar o frio, a fome ou a sede. A um homem pois (a dizer o que sinto, romanos) tão acre, tão pronto, tão atrevido, tão sagaz, tão esperto para o mal, tão diligente em distúrbios, se não o obrigasse a sair das traições caseiras para o bélico latrocínio, mal poderia impedir que viesse sobre vós tão horrível tempestade. Ele não nos teria marcado as saturnais como termo da vida, nem teria indicado à República tanto antes o dia do destroço e fatalidade; nem cairia no descuido de lhe apanharem o sinete, as cartas, as testemunhas claras do delito. Tudo isto na sua ausência se tem feito de modo que jamais furto doméstico se descobriu nem provou tão claramente como esta horrenda conspiração contra a República. E se Catilina até o presente dia estivesse na cidade (posto que, enquanto esteve *me opus* e resisti a todos os seus desígnios), contudo, a falar singelamente, me seria preciso brigar com ele; nem com tal inimigo, dentro de Roma, livraria de tamanhos perigos a República com tanta paz, sossego e silêncio.

Profecias dos agoureiros

8. Todo este negócio, romanos, tenho conduzido de modo que parece não se ter nele executado nem disposto coisa alguma, senão por vontade e conselho dos deuses imortais; o que não só podemos conjecturar, por parecer superior à capacidade humana a direção de tão relevantes coisas, como porque nos acudiram, no presente tempo,

com auxílio e socorro tão oportuno que parece quase os podíamos ver com os olhos. Pois ainda omitindo o que se refere, de serem vistas da parte do Ocidente fogueiras de noite, e o céu ardendo em fogo, como também raios e terremotos, e tantas outras coisas que têm sucedido neste meu consulado, que parecia predizerem os deuses imortais o que atualmente sucede, o que agora direi não se deve omitir nem deixar em silêncio. Lembrados estais como, sendo cônsules Cota e Torquato, caíram raios sobre muitas torres do Capitólio, quando os simulacros dos deuses imortais foram derribados, as estátuas dos varões antigos despedaçadas, e as tábuas de bronze das leis derretidas, e ferido também com um raio aquele que fundou esta cidade, Rômulo, que, como sabeis, estava dourado no Capitólio, em figura de menino, aos peitos da loba. Em cujo tempo, concorrendo os agoureiros de toda a Toscana, disseram estarem próximas mortandades, incêndios, ruínas das leis, guerra civil e doméstica, e que se vinha aproximando o ocaso desta corte e Império, se os deuses imortais, aplacados de todo o modo possível, não desviassem com o seu poder este destino. Por cuja causa, segundo as respostas daqueles, se celebraram jogos por dez dias, não se omitindo coisa que parecesse conveniente para aplacar os deuses; os mesmos agoureiros mandaram que o simulacro de Júpiter se fizesse mais avultado, e se colocasse em pedestal alto e se voltasse para o Oriente, ao contrário do que antes estava; disseram esperar, se aquela estátua que estais vendo contemplasse o nascer do sol, o foro e a cúria, todos os projetos que clandestinamente se planejavam em prejuízo da corte e Império se patenteariam de sorte que o Senado e povo romano os veriam clarissimamente. Mandaram pois os cônsules que na dita forma se colocasse; mas tanta foi a morosidade da obra que nem cônsules passados nem nós o colocamos antes do presente dia.

Os acontecimentos obedeceram à vontade dos deuses

9. Nestas circunstâncias, romanos, quem haverá tão inimigo da verdade, tão inconsiderado e insensato, que negue serem todas, estas coisas que vemos, e em especial esta corte, governadas pela disposição e poder dos deuses imortais? Pois sendo respondido que péssimos cidadãos maquinavam mortandades, incêndios e a assolação da República, o que então a alguns parecia incrível, por ser uma tão exorbitante maldade, agora os vistes não só projetados, mas empreendidos por cidadãos perversos. E porventura não se está vendo o que parece feito por ordem de Júpiter, mandar eu que o simulacro se

colocasse ao mesmo tempo em que os conjurados por minha ordem foram levados ao templo da Concórdia? O qual, assim que foi colocado e voltado a vós e ao Senado, tanto o Senado como vós vistes tudo o que se urdira contra o bem comum descoberto e patenteado. Nisto se fazem eles dignos ainda de maior ódio e castigo, pois não só tentaram queimar as vossas casas, mas os mesmos templos e altares dos deuses com funestos e sacrílegos incêndios; se a estes eu disser lhes resisti, demasiado louvor que atribuirei a mim próprio, nem merecerei que me sofram; aquele Júpiter foi quem lhes resistiu, ele salvou o Capitólio, ele estes templos, ele esta cidade, e o que a todos vos quis salvar; guiado dos deuses imortais, entrei neste projeto e demanda, e cheguei a conseguir tão importantes provas. Quanto à solicitação dos gauleses, nunca Lêntulo nem os mais inimigos domésticos confiariam coisas tão importantes, nem entregariam cartas a homens bárbaros e desconhecidos, se os deuses imortais não tornassem imprudente um conselho tão desenfreado e atrevido. E parece-vos que, chegando a desordenar-se uma cidade vizinha, os gauleses, que são os únicos que só podem e querem fazer guerra ao povo romano, desprezariam a esperança de um Império e coisas tamanhas, que lhe ofereciam varões patrícios, e anteporiam a vossa conservação às suas riquezas, se não entrasse aqui o poder divino? Principalmente podendo-nos vencer não pelejando mas calando?

Os romanos devem agradecer aos deuses

10. Portanto, romanos, já que se determinou se dessem graças em todos os templos, celebrai estes dias com vossas mulheres e filhos; pois sendo certo que muitas vezes se têm dado aos deuses imortais os justos e devidos cultos, também é certo que mais justos nunca se deram estes livres de uma morte cruelíssima e infelicíssima, e livres sem mortes, sem sangue, sem exército, sem batalha. Vencestes sendo eu o vosso único capitão e general togado. Se vos lembrardes, romanos, de todas as discórdias civis que ouvistes e vistes, achareis que Lúcio Cila matou a Públio Sulpício, desterrou da pátria a Caio Mário, que a havia defendido, e a muitos homens de valor uns desterrou, outros matou. O cônsul Cneu Otávio com mão armada lançou fora de Roma a seu colega; todo este lugar se alastrou de cadáveres e nadou em sangue de cidadãos. Venceu depois Cina com Mário, e sucedeu que, assassinados os varões mais esclarecidos, se extinguiram as luzes desta corte. Vingou depois Sila a crueldade desta vitória,

não é preciso dizer com que diminuição de cidadãos e calamidade da República. Desconcordou Marco Lépido com o preclaríssimo Quinto Catulo; não chorou a República tanto a morte daquele como a de todos os mais. Advertindo, romanos, que aquelas discórdias não eram sobre extinguir a República, mas mudar de governo; não queriam que República não houvesse, mas ser nela príncipes; nem a queriam abrasar, mas florescer nela. E ainda assim, não intentando nenhuma daquelas discórdias a destruição da República, foram tais que a não apaziguou alguma amigável concórdia, mas o estrago dos cidadãos. Porém nesta guerra, a mais enorme e cruel de quantas há memória, guerra tal qual nunca mente bárbara fez à sua nação, e na qual foi por Lêntulo, Catilina, Cássio, Cetego posta lei que todos que se pudessem salvar da cidade fossem tratados como inimigos, me portei de sorte, romanos, que todos ficassem salvos; e como, do mesmo modo que vossos inimigos, tantos cidadãos que sobreviveriam quantos restassem à infinita matança e tanta parte da cidade quanta a chama não tivesse podido atacar, eu não só salvei a cidade, como também os cidadãos íntegros e incólumes.

Cícero pede aos romanos que lembrem o seu zelo na defesa da República

11. Por tão relevantes serviços vos não peço outro prêmio de meu valor, nenhuma insígnia de honra, nenhum monumento de glória mais que a perpétua lembrança deste dia; nos vossos ânimos quero depositar todos os meus triunfos, todos os adornos de honra, monumentos de glória e insígnias de louvor; nada amortecido me pode deleitar, nada mudo, nada do que outros menos dignos podem conseguir. A vossa memória, romanos, perpetuará minhas ações, as vossas relações as engrandecerão, e as histórias perpetuarão e estabelecerão; e o mesmo dia que, creio, será eterno, se dedicará à conservação da República e memória do meu consulado; e se dirá houvera no mesmo tempo nesta cidade dois cidadãos, dos quais um pusera limites ao Império, não com os fins da terra, mas do céu, e o outro salvara o domicílio e a sede do mesmo Império.

Peroração

12. Porém, como é diferente a condição e fortuna das ações que eu obrei, e a daqueles que fizeram guerra estranha, por ter eu de viver com aqueles mesmos que venci e subjuguei, e aqueles deixaram os inimigos mortos ou sopeados, a vós compete, romanos, cuidar em que, sendo aos outros de utilidade as suas ações, as minhas me não sejam de detrimento. Eu acautelei que as danadas e malignas tenções de homens atrevidíssimos vos não prejudicassem; a vós pertence cuidar em que a mim não me danifiquem; posto que, romanos, nenhum mal me podem eles fazer, pois tenho grande favor nos bons, que ganhei para sempre, grande reputação na República, que sem falta me defenderá, o testemunho da consciência, que se for desprezado pelos que me quiserem ofender a si próprios se manifestarão. Também, romanos, me acho em tal valor que não só não hei de ceder a nenhum atrevimento, mas resolutamente arcarei com todos os facinorosos. E se todas as violências dos inimigos domésticos, repelidos de vós, se voltarem contra mim só, a vós toca, romanos, mostrar qual há de ser a recompensa dos que pela vossa conservação se expuseram ao ódio e a todos os perigos. Quanto a mim, que posso eu mais conseguir pela utilidade da vida, principalmente não vendo, acima das dignidades e glória com que me tendes honrado, para onde subir? Sendo particular, me haverei de sorte, romanos, que conserve e dê novo lustre ao que obrei no consulado, para que, se alguma malquerença contraí, no governo da República, só prejudique aos inimigos, e a mim me aumente a glória. Enfim, me portarei na República de modo a lembrar-me das ações que fiz, procurando mostrar procederam de virtude e não de acaso. Vós, romanos, pois já é noite, rendei veneração àquele Júpiter, guarda dessa cidade e vosso, e retirai-vos a vossas casas; e posto que já não haja perigo, defendei-as contudo, como na primeira noite, com guardas e vigias; e eu darei providência para que não seja preciso fazê-lo assim mais tempo, e possais viver em perpétua paz.

❖

Catilinária IV

A última catilinária foi pronunciada no dia 5 de dezembro, em uma sessão do Senado, convocada no templo da Concórdia, para decidir sobre a sorte dos conjurados que se encontravam detidos. Aberta a sessão, Silano propôs a pena capital. Opôs-se César, com um discurso muito hábil, insistindo em que nada devia decidir-se que não estivesse conforme a mais estrita legalidade, e concluindo com a proposta de que os imputados fossem condenados à prisão perpétua, distribuídos em vários municípios, e à confiscação dos bens. Cícero desejava ardentemente que os imputados fossem condenados à morte. Porém, evidentemente perturbado pelo discurso de César, no qual havia uma velada ameaça de intervenção do seu partido a favor dos conjurados, depois de insistir sobre a gravidade dos delitos dos amigos de Catilina, os quais, no seu parecer, mereceriam a morte, declara que está pronto a executar o que o Senado resolver. Na peroração lembra novamente os seus merecimentos, a sua devoção à pátria, os perigos aos quais continua a expor-se para o bem da República. Os conjurados foram condenados à morte depois de um breve e resoluto discurso de Catão que, na mesma sessão, falou depois de Cícero.

Exórdio
Perigos aos quais Cícero esteve exposto

Para mim voltados estou vendo, Padres Conscritos, os semblantes e olhos de todos; cuidadosos vos vejo não só do vosso perigo e da República, mas também, quando este agora esteja afastado, do meu. Gostoso me é nos males, e agradável no sentimento, o vosso afeto para comigo; mas pelos deuses imortais vos peço que o ponhais de parte, e que, esquecidos da minha conservação, só cuideis da vossa e de vossos filhos. Quanto a mim, se esta é a sorte do meu consulado, ter eu de tragar todas as amarguras, todas as mágoas, todos os tormentos, não só os sofrerei com constância, mas de boa vontade, contanto que a vossa autoridade e a vossa conservação, e do povo romano, sejam o fruto de todos eles. Eu sou, Padres Conscritos, aquele cônsul que nem no foro, centro de toda aqüidade, nem no campo dedicado aos auspícios consulares, nem no Senado, último refúgio de todas as nações, nem na própria casa, comum asilo de todos, nem no leito concedido para o descanso, nem enfim neste honroso assento e cadeira de magistrado esteve jamais livre de perigos de morte e traições. Muitas coisas calei, muitas sofri, muitas perdoei, muitas com particular mágoa minha sarei no vosso temor. Agora, se os deuses imortais quiserem que o remate do meu consulado seja livrar-vos a vós e ao povo romano de um infeliz estrago, vossas mulheres e filhos e as virgens vestais de uma cruelíssima vexação, os templos e os santuários, e esta belíssima cidade, comum pátria nossa, de um horrível incêndio, e a toda a Itália de guerra e assolação, disposto estou a aceitar qualquer fortuna que se me oferecer. Pois se Públio Lêntulo se deixou persuadir dos agoureiros que o seu nome havia de ser fatal para a ruína da República, por que não me alegrarei eu de ter sido o meu consulado em certo modo fatal para a conservação dela?

O Senado deve cuidar da salvação da República

2. Portanto, Padres Conscritos, atendei a vós, acudi à vossa pátria, resguardai vossas pessoas, defendei vossas mulheres, filhos e cabedais, e a honra e conservação do povo romano, e deixai de vos compadecer e cuidar em mim. Porque, primeiramente, confio nos deuses imortais, protetores desta cidade, que me hão de dar a recompensa que mereço; e, em segundo lugar, se houver alguma revolta, estou de ânimo pronto e aparelhado a morrer. Pois nem o homem de valor pode ter morte desonrosa, nem o consular apressada, nem o sábio infeliz. Contudo não sou eu de natural tão ferrenho que não me comova a aflição de um amabilíssimo e amantíssimo irmão que está presente, nem as lágrimas de todos aqueles de quem me vedes rodeado; a casa me leva o pensamento, minha mulher meio morta, uma filha aterrada de medo, e um filhinho que a República me parece ter nos braços como penhor do meu consulado; e aquele genro que está em minha presença esperando o êxito deste dia. Tudo isto me abala, mas de sorte que antes desejo fiquem todos salvos convosco, do que acabem eles e eu com toda a República. Portanto, Padres Conscritos, cuidai em acudir com remédio à República, considerai atentamente as borrascas que estão iminentes, se lhes não derdes providência. Os

sujeitos, que agora se propõem à vossa decisão e severo juízo, não são Tibério Graco, que quis segunda vez ser tribuno do povo, nem Caio Graco, que quis sublevar os partidários das Leis Agrárias, nem Lúcio Saturnino, que matou a Caio Mémio, mas estão presos aqueles que, para abrasarem Roma, tirar-vos a todos a vida, admitirem a Catilina, se deixaram ficar nesta cidade. Temos as suas cartas, os sinetes, as notas, enfim a confissão de cada um deles; solicitam-se os Alóbrogos, sublevam-se os servos, é chamado Catilina; assentou-se na resolução de que mortos todos não ficasse nem sequer quem lamentasse o nome romano e a calamidade de tão grande Império.

O Senado deve deliberar

3. Todas estas coisas depuseram os denunciantes, confessaram os réus e vós mesmos julgastes já muitas vezes: primeiramente porque me destes os agradecimentos com particulares expressões, asseverando que pelo meu valor e diligência fora descoberta esta conjuração de homens perdidos; além disto, porque obrigastes a Públio Lêntulo a que renunciasse à pretoria; e também porque julgastes que este e os mais que sentenciastes se deviam conduzir à prisão; e muito principalmente porque em meu nome decretastes as preces, honra que antes de mim a nenhum magistrado se concedeu; e ultimamente, no dia de ontem, premiastes munificentissimamente os enviados dos Alóbrogos e a Tito Vultúrcio; ações todas estas que bem mostram estarem os que nomeadamente prendestes sem dúvida alguma por vós condenados. Mas eu, Padres Conscritos, venho com ânimo de vos fazer uma relação como de novo, para que sentencieis o feito e determineis o gênero de suplício. Direi primeiramente o que devo em razão do cônsul. Muito tempo há que eu via andar na República uma grande insolência, introduzirem-se novidades e fomentarem-se grandes males; mas nunca me persuadi que de entre os cidadãos brotasse esta tão enorme e perniciosa conjuração. Agora, seja como for, para onde quer que propendam os vossos pareceres e sentenças, isso o deveis assentar antes de noite. Bem vedes a atrocidade do delito que nos foi denunciado; se entendeis serem poucos os cúmplices, enganai-vos de meio a meio. Este mal tem lavrado mais do que se cuida; não só se difundiu pela Itália mas atravessou os Alpes, e, inserindo-se solapadamente, se apoderou de muitas províncias; já se não pode em modo algum extinguir com detenças ou demoras; qualquer que seja o remédio, deveis aplicá-lo prontamente.

Opiniões de Silano e de César

4. Vejo, porém, que há duas opiniões: uma é de Décio Silano, o qual julga devem ser punidos de morte os que semelhante assolação procuraram; outra, de Caio César, que exclui a pena de morte e aprova todo o rigor dos mais castigos. Ambas de suma severidade, qual convém à graduação dos juízes e à graveza dos fatos. O primeiro remata em que se não deve conceder um momento de vida, nem deixar gozar deste ar que respiramos àqueles que a todos nós e ao povo romano quiseram tirar a vida, acabar o Império e extinguir o nome romano, e se lembra que semelhante castigo fora muitas vezes executado nesta cidade em cidadãos protervos[1]. O segundo diz que a morte não fora ordenada pelos deuses imortais para castigo, mas que ou é indispensável necessidade da natureza, ou descanso dos trabalhos e misérias; pelo que os sábios nunca a padecem contra vontade, e os valorosos muitas vezes com ela; porém que a prisão, e esta perpétua, fora inventada para castigo de delitos atrozes. Por onde, assenta em que se distribuam pelos municípios. Esta opinião parece incluir uma injustiça, caso se queira ordenar; uma dificuldade, caso se queira pedir; decida-se, não obstante, se assim vos agrada. Eu a tomarei à minha conta, e confio que acharei quem entenda não desdizer do seu caráter executar o que determinardes para utilidade pública. Grave pena impõe aos municípios, se alguém os soltar das prisões; cerca-os de terríveis guardas, dignas da maldade de homens tão facinorosos; estabelece que ninguém por autoridade do Senado ou do povo possa mitigar a pena dos condenados; tira também a esperança, que é a única que costuma consolar o homem nas desgraças; além disto lhes manda confiscar os bens; só a vida deixa aos delinqüentes, a qual, se lha tirassem, com uma dor os livraria de muitas da alma e do corpo e de todas as penas de seus delitos. E na verdade os antigos, para que os ímprobos nesta vida tivessem algum temor, pretenderam que nos infernos houvesse castigos aparelhados para os ímpios, certamente porque entendiam que a morte por si só não era para se temer.

---

[1] *Protervos*: insolentes, petulantes, descarados. (N. do E.)

Apreciação da opinião de César

5. Agora, Padres Conscritos, atendo ao que me importa. Se seguirdes a sentença de César, como este tem seguido na República este caminho que se chama popular, talvez eu tenha menos que temer os tumultos do povo, sendo ele o autor e sustentador deste projeto; se abraçardes a outra não sei se terei mais o que fazer; mas, não obstante, prevaleça o bem da República às razões dos meus perigos. Temos, pois, a sentença de Caio César como penhor do seu perpétuo zelo para com a República, segundo a sua graduação e a nobreza dos seus maiores o pedia. Conhecida está a diferença que há entre a inércia dos faladores e um ânimo verdadeiramente popular e diligente pelo bem do povo. Vejo que entre estes que querem ser tidos por populares não falta quem se tenha ausentado, por não dar sentença sobre a vida de cidadãos romanos, havendo anteontem entregado à prisão cidadãos romanos, decretado preces por mim, e remunerado com grandes prêmios os denunciantes. Visto está logo o que julgou de todo o feito e causa, quem deu ao réu o cárcere, ao inquiridor o agradecimento, ao delator prêmio. Porém, Caio César entende que a Lei Semprônia fora posta acerca de cidadãos romanos e que de nenhum modo pode ser cidadão romano quem é inimigo da República; em uma palavra, que o mesmo autor da Lei Semprônia fora castigado por mandado do povo; e se não pode chamar popular o mesmo estragado e pródigo Lêntulo, que tão tirana e cruelmente projetou a ruína do povo romano e assolação desta cidade. Portanto não duvida aquele mansíssimo e clementíssimo varão condenar a Lêntulo a prisões e eternas trevas; e resolve para o futuro que ninguém se possa jactar de aliviar o suplício deste e ser popular depois, à custa da desgraça do povo romano. Acrescenta também o seqüestro dos bens, para que a todos os suplícios da alma e do corpo se siga outrossim a pobreza e a mendicidade.

É preciso que os traidores sejam punidos severamente

6. Por isso, ou assenteis neste parecer e me deis para o anunciador ao povo um sócio que lhe seja aceito e grato; ou queirais seguir antes a sentença de Silano, fácil me será a mim e a vós livrar-nos da censura de cruéis; e ainda conseguirei se diga que esta última sentença fora a mais branda. Ainda que, Padres Conscritos, que crueldade pode haver em castigar tão horrendo delito? Digo isto pela impressão que em mim

próprio me causa. Assim eu me possa gozar convosco da República salva, como é certo que o que me move a ser severo nesta causa não é ser de ânimo cruel (pois, quem mais manso do que eu?) mas uma singular humanidade e compaixão. Parece-me estar vendo a esta cidade, adorno do Universo e asilo de todas as nações, em um momento consumida em um incêndio; representa-se-me na imaginação a pátria sepultada e os infelizes montões de cadáveres desenterrados; trago diante dos olhos o semblante de Cetego, e a fúria com que se afadiga na vossa mortandade. Pois quando me proponho a Lêntulo entronizado, como ele confessou esperava ser, fundado nos oráculos, a este Gabínio coberto de púrpura, e que é chegado Catilina com o exército, me enchem de horror os prantos das mães de famílias, a fugida das donzelas, a opressão das virgens vestais; e porque me parece tudo isto lastimoso e digno de compaixão, por isso me porto severo e acre contra os que o quiseram executar. Dizei-me se um pai de família, vendo que um servo lhe assassina os filhos, mata a mulher e põe fogo à casa, castigar o servo rigorosissimamente, tê-lo-eis por piedoso e compassivo, ou por desumaníssimo? Quanto a mim, certamente, teria por insensível e de ferro quem não mitigasse a sua dor e mágoa com o castigo e tormento do delinqüente. Pois também nós, para com estes homens que nos quiseram matar cruelmente e a nossas mulheres e filhos, que quiseram assolar nossas casas e todo este domicílio da República, que procuram estabelecer o povo dos Alóbrogos sobre os vestígios desta corte e cinzas do abrasado Império, embravecendo-nos contra eles, seremos tidos por compassivos; se nos quisermos portar remissos, granjearemos a fama de cruelíssimos, por sermos causa da ruína da pátria e cidadãos. Salvo se a algum pareceu anteontem mui cruel Caio César, varão tão valoroso como amante da República, quando disse na cara a Lêntulo, marido de sua irmã, mulher de raro merecimento, que merecia ser punido com a morte, e lhe lembrou que por ordem do cônsul se tinha tirado a vida a seu avô, e que um filho dele, impúbere, que mandara por enviado ao Senado, fora morto no cárcere. Que comparação tem isto com o presente crime? Que intento houve ali de arruinar a República? A questão era então sobre prodigalidade; esta a matéria em que as partes contendiam. Naquele tempo o avô deste Lêntulo, varão esclarecido, perseguiu a Graco com as armas na mão e recebeu uma ferida grave, por que não padecesse quebra a autoridade da República. Este, para destruir desde os fundamentos a República, chamou os gauleses, sublevou os servos, fez vir a Catilina, encarregou a Cetego despedaçar-nos, a Gabínio o destroço de mais cidadãos, a Cássio abrasar a cidade, e a Catilina assolar e saquear toda a Itália. Em delito tão atroz e nefando, julgo que não deveis ter receio de ordenar coisa alguma com rigor, mas antes temer que, se suavizardes o castigo, mais vos terão por cruéis com a pátria, do que agora mui severos com inimigos cruelíssimos.

Todos os cidadãos estão concordes na defesa da pátria

7. Mas não posso, Padres Conscritos, disfarçar o que ouço; espalham-se vozes, que chegam a meus ouvidos, dos que duvidam que eu tenha forças bastantes para executar o que vós ordenardes neste dia. Tudo está aparelhado e pronto, Padres Conscritos, com sumo cuidado e diligência minha, e ainda maior vontade do povo romano, para manter este supremo Império e conservar as posses de todos; prestes estão homens de todas as classes e idades; está cheio o foro, cheios os templos à roda do foro, cheias as ruas deste lugar e templo. Depois que há Roma se não encontra outro negócio em que, como neste, todos entendessem a mesma e única coisa, exceto aqueles que, vendo que haviam de parecer, quiseram antes acabar com todos do que sós. Semelhantes homens, de boa mente os excetuo e separo, nem julgo se devem ter na conta de cidadãos, mas de inimigos cruelíssimos. Os demais, porém, deuses imortais, com que concurso, com que afeto, com que fortaleza se não unem para conservação da autoridade e bem público! Para que mencionar aqui os cavaleiros romanos, que vos cedem na superioridade da ordem e do voto e só contendem convosco no amor da República? Os quais, depois de muitos anos de diferenças, reduzidos à sociedade e concórdia com esta ordem, os une convosco o presente dia e causa; cuja união, ratificada no meu consulado, se perpetuamente conservamos na República, eu vos asseguro que nenhum mal civil e doméstico virá daqui em diante a parte alguma da República. Com igual cuidado de a defender vejo concorrerem os constantíssimos tribunos do Erário; do mesmo modo, vejo todos os escreventes, os quais, como este dia, por acaso, tivesses feito numerosíssimos, na expectativa do sorteio, voltaram-se para a salvaguarda comum. Presente está toda a multidão, ainda da ínfima condição; porque quem há que não ame e lhe não sejam agradáveis e aprazíveis estes templos, a vista da corte, a posse da liberdade, enfim esta mesma claridade e este comum terreno da pátria?

Todos os cidadãos estão contra os traidores

8. É preciso, Padres Conscritos, indagar os cuidados dos homens libertos, que tendo por sua fortuna conseguido direito nesta cidade, julgam ser ela sua verdadeira pátria; à qual alguns aqui nascidos, e nascidos em lugar eminente, não tiverem por sua pátria, mas por cidade inimiga. E que direi dos cidadãos desta Ordem, a quem os interesses particulares, a comum República, enfim aquela liberdade que é suavíssima animou a defender a conservação da pátria? Não há servo, dos que estão em tolerável cativeiro, a quem não horrorize o atrevimento destes cidadãos, e não deseje que isto se conserve; que não concorra com todo seu esforço e poder para o comum desejo da conservação. Pelo que, se acaso a algum de vós causa abalo o que se ouviu dizer, que um dos fautores de Lêntulo andou de loja em loja, e se persuada que a poder de dinheiro poderá sublevar os ânimos dos pobres e imperitos, verdade é que isto se principiou e procurou, mas ninguém houve de tão mesquinha fortuna ou estragada vontade que não quisesse ter salvo o assento e lugar do seu quotidiano trabalho e lucro, a sua casa e leito, em uma palavra, o seu sossegado modo de vida, principalmente a maior parte dos que assistem nas lojas; antes, por melhor dizer, toda esta casta de gente ama sumamente o sossego porque toda a sua indústria, todo o trabalho, toda a ganância se sustenta com a concorrência de cidadãos e mantém com a tranqüilidade; e se os seus ganhos, fechadas as lojas, costumam diminuir, queimadas elas que seria? Sendo isto assim, Padres Conscritos, e não vos faltando o socorro do povo romano, cuidai que não pareça que sois vós que faltais a ele. Tendes um cônsul livre de multiplicados perigos e laços, que das garras da morte escapou, não para proveito da sua vida, mas da vossa conservação; todas as ordens, com o conselho, vontade, diligência, valor e voz, conspiram em manter a República. A comum pátria, rodeada dos archotes e armas desta ímpia conjuração, para vós tem humildemente as mãos levantadas; a vós se recomenda a si mesma, a vida dos cidadãos, o Castelo e Capitólio, os altares dos penates[2], aquele fogo contínuo e perpétuo de Vesta, e os muros e

---

[2] *Penates*: deuses domésticos que protegiam os lares romanos e etruscos. (N. do E.)

edifícios de Roma. Além disto, tendes também hoje de dar sentença sobre a vossa vida e de vossas mulheres e filhos, sobre os bens de todos, e sobre as vossas moradas e lares. Tendes capitão que se lembra de vós e esquece de si, cuja comodidade não há sempre. Tendes todos os homens e todo o povo conformes no mesmíssimo parecer; sendo hoje a primeira vez que isto sucede em causa civil. Ponderai como uma noite daria cabo de um Império fundado com tanto trabalho, de uma liberdade estabelecida com tanto valor, de tantas riquezas aumentadas e acumuladas pela benignidade dos deuses. Hoje se há de dar providência para que daqui em diante não só não haja cidadãos que tal possam efetuar, mas nem trazê-lo ao pensamento. Isto vos digo não para exortar a vós, que sempre no zelo me excedestes, mas para que a minha voz, que na República deve ser a primeira, pareça satisfazer à obrigação do cônsul.

O povo romano lembrará o nome de Cícero, como lembra os dos maiores guerreiros

9. Agora, antes que torne a falar da sentença, direi um pouco do que me pertence. Tamanho é o esquadrão de conjurados (que vejo ser grandíssimo) quanta a multidão do inimigo, que volto contra mim; mas eu a tenho por infame, fraca, desprezível e vil. E se em algum tempo este exército, animado por algum insolente e perverso, puder mais que a vossa autoridade e da República, nem por isso, Padres Conscritos, me arrependerei nunca das minhas ações e conselhos. Porque a morte com que eles talvez me ameaçam, a todos está aparelhada; tão grandes encômios[3], com que em vida me tendes honrado pelos vossos decretos, ninguém jamais os conseguiu, porque se a outros sempre agradecestes o terem administrado bem a República, só a mim o tê-la conservado. Seja embora ilustre aquele Cipião, por cujo conselho e valor foi Aníbal obrigado a voltar à África, e retirar-se da Itália; tributem-se insignes louvores ao outro Africano que consumiu duas cidades inimicíssimas deste Império, Cartago e Numância; repute-se varão egrégio aquele L. Paulo, cuja carroça enobreceu Perseu, que fora rei poderosíssimo e nobilíssimo; goze de eterna glória Mário,

---

[3] *Encômios*: louvores, elogios. (N. do E.)

que duas vezes livrou a Itália de invasão e temor de escravidão; seja preferido a todos Pompeu, cujas ações e façanhas ilustraram tantos países quantos o sol alumia; ainda haverá entre os encômios destes algum lugar para a minha glória; salvo se não é mais do que descobrir províncias, por onde nos possamos estender, procurar que os que estão ausentes tenham para onde voltar vencedores. Em uma coisa porém está de melhor partido a vitória estranha que a doméstica: que os inimigos estranhos ou se sujeitam vencidos, ou reconciliados se dão por obrigados do benefício; mas os que sendo do número dos cidadãos, por alguma depravada demência entraram a ser inimigos da pátria, se os desviares de que arruinem a República, nem os podereis reprimir com a força, nem aplacar com benefícios. Por onde, estou capacitado que tenho de ter guerra contínua com cidadãos perdidos, a qual espero desviar de mim e dos meus, com o vosso favor, e de todos os bons, e com a lembrança de tantos perigos, que não só durará sempre neste povo que ficou salvo, mas nas vozes e conceitos de todas as nações; nem haverá jamais por certo força alguma que possa infringir e arruinar a vossa união, e dos cavaleiros romanos, e tão unânime concórdia de todos os bons.

Peroração

10. Sendo assim, Padres Conscritos, pelo Império, pelo exército, pela província que enjeitei, pelo triunfo e mais insígnias de aplauso que recusei em atenção da conservação desta cidade e da vossa vida; pelas homenagens e direitos de hospitalidade que eu mantenho e possuo com menos dispêndio da cidade do que trabalho meu; por tudo isto, pelo meu particular zelo para convosco, e por esta diligência que vedes em conservar a República, vos não peço coisa mais que a lembrança deste tempo e de todo o meu consulado; enquanto ela estiver impressa em vossos ânimos, ter-me-ei por defendido de um muro fortíssimo. E se as forças dos perversos frustrarem e vencerem a minha esperança, vos recomendo um meu pequeno filho, o qual terá em vós bastante proteção para conservar a vida e conseguir os cargos, se vos lembrardes ser ele filho daquele que tudo isto conservou por si só com o seu perigo. Portanto, Padres Conscritos, sentenciai, como tendes assentado, com fortaleza e constância sobre a vossa conservação, e do povo romano, de vossas mulheres e filhos, dos altares e fogos, dos santuários e templos, das vossas moradas e de toda a cidade, do Império, da liberdade, da salvação da Itália e de toda

a República. Tendes cônsul que não duvidará obedecer aos vossos decretos, nem, enquanto lhe durar a vida, defender e executar por si próprio o que determinardes.

❖

Orações de Marco Túlio Cícero ao povo romano depois que voltou ao desterro

*D*esterrado por lei de Clódio, sendo cônsules L. C. Pisão e A. Gabínio, Cícero ficou no exílio pelo espaço de dezesseis meses. Restituído em Roma, a instâncias de amigos e principalmente de Pompeu, sendo cônsules P. Lêntulo e Q. Metelo, pronunciou a oração que segue, na qual agradece não somente o ter recuperado o que era seu, a sua pátria, a sua família, os seus amigos, os seus haveres, mas o lhe ter sido devolvido tudo isso com tanta honra, pois, antes dele, nenhum desterrado foi chamado à pátria por autoridade do Senado.

1. Aquela mercê, romanos, que a Júpiter Optimus Maximus e aos mais deuses imortais tenho pedido, desde quando me dediquei, a mim e meus interesses, à vossa conservação, utilidade e concórdia, e por vontade me sujeitei à perpétua pena, antes de que antepor coisa alguma minha ao vosso bem; e, se em tudo o mais que obrei nos tempos passados, não tive outro fim senão o estabelecimento desta Corte; e empreendi a minha jornada por utilidade vossa, para que o ódio que homens perversos havia muito tinham concebido contra a República e contra todos os bons, se voltasse todo contra mim, contanto que ficassem salvos todos os homens beneméritos e toda a República. Se este foi o meu ânimo para convosco e vossos filhos, e assim vós como os Padres Conscritos e toda a Itália se deixaram possuir da lembrança, compaixão e saudade de mim, extremosamente me alegro, romanos, que em mim reconheça este obséquio o juízo

dos deuses imortais, o testemunho do Senado, o consenso da Itália, a confissão dos inimigos e o vosso divino benefício. Ainda que para o homem não haja coisa mais estimável que uma próspera, igual e perpétua fortuna, onde não se encontre coisa que embarace um feliz progresso da vida, contudo, se para mim nunca tivesse havido senão sossego e bonança, não teria o incrível e quase divino prazer de que agora participo por benignidade vossa. Que coisa mais gostosa concedeu a natureza aos homens do que para cada um seus filhos? De mim confesso que tanto pela minha complacência como pelo gênio deles excelente, os amo mais que a vida; mas ainda assim não foi tanto o prazer por me serem dados, como agora, que me são restituídos. Ninguém teve jamais coisa que tanto lhe agradasse como a mim meu irmão; mas este bem não conhecia eu tanto na sua posse como na sua falta, e depois que vós nos restituístes mutuamente um a outro, a todos é de prazer a posse de seus haveres domésticos; e todos os outros meus interesses me causam agora maior consolação recuperados, do que antes de perdidos. As amizades, os congressos, as alianças, as sociedades, enfim os jogos e dias festivos, então conheci melhor quanto eram aprazíveis, quando me vi sem eles. Pois já quanto às honras, crédito, graduações, cargos e benefícios vossos, agora renovados me parecem mais ilustres do que se nunca tivessem sido escurecidos. Quanto à pátria, bons deuses, que coisa mais amável e deliciosa que a formosura da Itália, que o aspecto dos campos e dos frutos, que a beleza de Roma, que a urbanidade dos cidadãos, que a nobreza da República, que a vossa majestade! De todos esses bens eu gozei, nos tempos fanados, mais do que nenhuma outra pessoa. Mas, assim como a boa saúde é mais gostosa aos que convalescem de uma doença grave do que aos que nunca a tiveram, assim tudo isto me deleita muito mais desejado do que se fora continuamente possuído.

2. Mas para que disputar eu esta matéria? Para quê? Para que vos capaciteis não haver eloqüência tão sublime, nem orador de estilo tão divino e estupendo que possa não digo eu amplificar ou exornar, mas nem ainda simplesmente referir e compreender os grandiosos e multiplicados benefícios com que me enriquecestes a mim, a meu irmão e a nossos filhos. Meus pais, como era forçoso, me geraram pequeno; de vós nasci senador. Aqueles me deram meu irmão, sem saberem qual havia de ser depois; vós conhecendo muito bem a sua incrível piedade, me restituístes. Entrei na República em uns tempos tais que quase estava destruída; vós me restituístes a ela, quando todos

a julgavam conservada pela diligência de um só homem. Os deuses imortais me deram os filhos, vós mos restituístes; muitos outros benefícios consegui dos deuses eternos; se não fosse vontade vossa, careceria de todos eles. Enfim, as vossas honras, a que fui subindo por sua ordem, agora as tenho todas de vós, de sorte que quanto dos pais, dos deuses e de vós mesmos tenho recebido, tudo ao presente devo inteiramente ao povo romano. Tão grandiosa é esta mercê que me faltam termos com que a exprimir; e tão afetuoso o ânimo, que me mostrastes com vossos obséquios, que parece não só me livrastes da ruína, mas aumentastes o crédito.

3. Não foi a minha tornada como a de P. Popílio, homem de distinta nobreza, por quem intercederam seus filhos mancebos e muitos outros parentes; nem como a de Q. Metelo, varão esclarecido, por quem rogou L. Diademato, seu filho, de idade maior, e senador de suma autoridade; nem como a de Q. Metelo, censor, pelo qual intercederam seu filho Q. Metelo Népote, que então pedia o consulado, seus sobrinhos, os Lúculos, Servílios e Cipiões; muitos Metelos ou filhos das Metelas que rogaram a vós e a vossos pais para que voltasse Q. Metelo; de sorte que, ainda que o seu exímio merecimento e suas insignes proezas não fossem suficientes para conseguir esta mercê, bastava a piedade do filho, os rogos dos parentes, o luto dos moços, as lágrimas dos velhos para enternecerem o povo romano. Quanto a C. Mário, que depois dos antigos consulares (segundo a vossa lembrança e a de vossos pais) foi o terceiro consular antes de mim, a quem coube uma fortuna sumamente indevida à sua glória eminente, houve grande diferença a respeito do presente caso, porque Mário não voltou porque alguém o pedisse, mas na discórdia dos cidadãos se restituiu com armas e exército; mas por mim, destituído de parentes e socorro de aliados, só intercedeu a divina e inaudita autoridade e valor de C. Pisão, meu genro, e as lágrimas e pranto contínuo de meu bom e infeliz irmão; um só irmão houve que posto na vossa presença, coberto de lágrimas, com elas vos enternecesse e renovasse as saudades de mim, o qual estava resolvido, romanos, no caso que me não restituísseis a ele, correr a mesma fortuna que a minha, e cujo amor para comigo foi tal que dizia não ser possível estar sem mim, não só na mesma casa, mas nem na mesma sepultura. Por me verem presente, se vestiram de gala o Senado e outras quase vinte mil pessoas; na minha ausência vistes o luto e desalinho de uma só pessoa. Este só que em casa e no foro pela piedade pode ser

meu filho, foi o único que se houve nos benefícios como pai, e no amor o mesmo irmão que sempre foi. Pois quanto ao luto e pranto da coitada mulher, e a perpétua tristeza da inocente filha, e as saudades e lágrimas pueris do filhinho, tudo ocultava a distância em que estavam, e seu encerramento doméstico.

4. Mas isto mesmo exalta a vossa beneficência para comigo, pois não me restituis à minha parentela, mas a mim mesmo. Porém, assim como me faltaram parentes que não pude agregar para me livrarem da desgraça, assim também, o que foi fruto do meu merecimento, tantos favorecedores advogados e intercessores tive para ser restituído, que a todos os antecessores vim a exceder muito nesta prerrogativa e abundância. Nunca de P. Popílio, homem de singular nobreza e virtude, nem de Q. Metelo, nobilíssimo e constantíssimo cidadão, nem de C. Mário, coluna desta vossa corte e Império, se fez menção no Senado. Todos estes antepassados foram restituídos a rogo dos tribunais, sem intervenção do Senado; e Mário não só sem autoridade do Senado, mas oprimido o Senado; nem a C. Mário lhe valeram, para voltar, as suas façanhas, mas as tropas e armas. A mim, porém, sempre o Senado requereu que valessem; e enfim concluiu que assim se executasse, tanto que pôde, com o seu concurso e autoridade; nenhum abalo houve nos municípios e colônias na tornada daqueles, mas a mim três vezes me chamou para a pátria toda a Itália. Aqueles foram restituídos com destroços de seus inimigos e mortandade de cidadãos; e eu, estando no governo das províncias os que me desterraram, tendo por inimigo um homem de suma probidade e mansidão, e fazendo a proposta o outro cônsul; e isto no mesmo tempo em que aquele meu contrário, que dera sua palavra aos inimigos comuns, só vivia porque respirava, estando na realidade em pior condição que todos os mortos.

5. Nunca por P. Popílio, cônsul integérrimo, houve exortações do Senado, nem do povo; nem por Q. Metelo intercedeu não só Mário, que era inimigo, mas nem aquele M. Antônio, que o seguiu, homem eloqüentíssimo, tendo por colega a A. Albino; mas por mim sempre se requereu aos cônsules passados, que o faziam por amizade, por ser um deles meu parente, e ter eu advogado pelo outro em uma causa capital; e, embaraçados com os ajustes das províncias, em todo aquele ano sofreram as queixas do Senado, os lamentos dos bons e os gemidos da Itália. No primeiro de janeiro, depois que a República órfã implorou o amparo do cônsul, como seu legítimo tutor, P. Lêntulo,

cônsul, o pai, o deus, a salvação da minha vida, fortuna, memória e nome, tanto que propôs se fizessem as solenidades da religião, julgou que de nenhuma coisa humana se devia tratar primeiro que de mim. E naquele dia se concluiria este negócio se aquele tribuno do povo, a quem eu honrei com os maiores benefícios, sendo ele questor e eu cônsul, rogado de toda esta Ordem e de muitas pessoas de suma autoridade, e de Cn. Opímio, seu sogro, lançado a seus pés com as lágrimas nos olhos, não pedisse uma noite para deliberar, cuja deliberação consistiu não em restituir as peitas[1] que recebera mas em havê-las maiores. Depois disto nada mais se fez no Senado; e, como ocorressem várias razões de embaraço, se devolveu a vós a causa, com inteira vontade do Senado, no mês de janeiro. Esta só diferença houve entre mim e meus inimigos; que eu, vendo que no foro Aurélio se alistavam publicamente homens, e se formavam centúrias, conhecendo que as tropas veteranas tinham sido chamadas por receio da mortandade de Catilina, vendo que sujeitos daquele partido, onde eu era tido como um dos principais, uns por inveja, outros por temor, ou me entregavam ou me desamparavam; quando dois cônsules, com o ajuste de lhe darem as províncias, se fizeram patronos dos inimigos da República; quando viam que não podiam saciar a sua penúria, ambição e lascívia entregando-me preso aos inimigos domésticos; quando se proibia ao Senado e cavaleiros romanos chorar por mim, e com trajes mudados suplicar-vos com éditos e recomendações; quando todos os ajustes das províncias, todos os contratos, todas as reconciliações de amizades se firmaram, com o meu sangue; quando todos os bons não tinham dúvidas de padecer por mim, ou comigo, não quis defender a minha vida com armas, entendendo que tanto o vencer como o ser vencido era calamitoso à República. Mas meus inimigos, tratando-se de mim no mês de janeiro, foram de parecer que, com corpos de cidadãos despedaçados e um rio de sangue, se devia impedir a minha tornada.

6. Por onde, na minha ausência, tal foi a República que tínheis, que entendestes que tanto ela como eu se deviam restituir; mas eu, em uma cidade em que nada valia o Senado, reinava a insolência, não havia juízos, vagavam pelo foro a violência e armas; quando os particulares se defendiam com o abrigo de suas paredes, não das leis; quando os

---

[1] *Peitas*: dádiva feita com o intento de subornar, suborno. (N. do E.)

tribunos do povo à vossa vista eram maltratados, e se corria às casas dos magistrados com armas e archotes; quando as faixas consulares eram despedaçadas, e os templos dos deuses abrasados, dei por extinta a República; e, exterminada ela deste modo, julguei não ter eu lugar nesta Corte, e que no caso que ela fosse restituída, me restituiria também dentro da mesma Corte. Porventura tendo eu por certíssimo que P. Lêntulo havia de ser cônsul no ano próximo, que naqueles mesmos perigosíssimos tempos da República era edil curul[2], sendo eu cônsul, foi participante de todos os meus projetos, e companheiro de todos os perigos, duvidaria, digo, que este, vendo-me ferido com golpes consulares, me havia também de curar com remédio consular? Sendo este o capitão, e seu colega homem de suma clemência, primeiro não contrariando, depois também ajudando, quase todos os magistrados foram defensores da minha vida; entre os quais T. Ânio e P. Sextio, homens de excelente coração, valor, autoridade, préstimo e posses, se distinguiram em manifestar para comigo uma insigne benevolência e soberano afeto. Sendo relator o mesmo P. Lêntulo, e propondo-o igualmente seu colega em um numerosíssimo Senado, discrepando um só, não se opondo ninguém, elogiou o meu merecimento com as expressões mais honrosas que lhe foi possível, recomendando a todas as colônias e municípios a minha conservação. Por onde, estando eu destituído de parentes e sem algum auxílio de parentela, os cônsules, os pretores, os tribunos do povo, o Senado e toda a Itália intercederam sempre por mim junto a vós; enfim, todos aqueles a quem honrastes com os maiores benefícios e honras, trazidos à vossa presença pelo mesmo cônsul, não só vos exortaram a que me conservásseis, mas quiseram ser relatores, testemunhas e elogiadores das minhas ações.

7. Entre todos tem o primeiro lugar, nas exortações e rogos que vos fez, Cn. Pompeu, herói em todos os séculos sem igual em valor, prudência e glória; este foi o único que a um amigo particular como eu era seu, concedeu o mesmo que toda a República, a vida, o descanso, o crédito. Cuja oração, como me constou, teve três partes: na primeira mostrou como a República fora conservada com meus ditames, unindo minha causa com a do bem público, onde vos exortou que

---

[2] *Edil curul*: antigo magistrado romano que se incumbia de inspecionar os edifícios públicos. (N. do E.)

defendesseis a autoridade do Senado, o estado da Corte e os interesses de um cidadão benemérito; depois se empregou em perorar, mostrando que assim vo-lo pediam o Senado, os cavaleiros romanos e toda a Itália; e por último ele mesmo não só vos rogou, mas importunou pela vossa conservação. Tanto é, romanos, o que devo a este homem, quanto um homem pode dever a outro. Por cujo ditame e pela sentença de P. Lêntulo e autoridade do Senado, que seguistes, me restituístes àquele lugar que por mercê vossa tinha ocupado, com as mesmas centúrias com que nele me tínheis introduzido. O mesmo ouvistes dizer no mesmo tempo e lugar aos mais eminentes, honrados e insignes varões, aos magnatas da cidade, a todos os consulares, a todos os pretores, para que contasse, por unânime atestação de todos, que por mim só fora conservada a República. Enfim, dizendo P. Servílio, sujeito de suma gravidade e merecimento, que por diligência minha fora a República entregue salva aos magistrados, concordaram todos os mais neste parecer. Naquele próprio tempo ouvistes o que disse e atestou o esclarecido L. Gélio, o qual, por ver a sua classe acometida com grande perigo seu, disse no vosso congresso que se eu então não fosse cônsul como era, se acabaria inteiramente a República.

8. Vendo-me, pois, romanos, restituído a mim mesmo, aos meus e à República, por esta autoridade do Senado, com tanto consentimento da Itália, com tanto desejo de todos os bons, agenciando-o P. Lêntulo, consentindo-o todos os magistrados, pedindo-o Cn. Pompeu, concorrendo todos os homens, aprovando-o os deuses imortais com a abundância, cópia e barateza dos frutos, vos prometo obrar quanto estiver em minha mão. Primeiramente, sempre terei como o povo romano aquela piedade que é própria das pessoas mais justificadas com os deuses imortais; e a vossa vontade será sempre para mim, enquanto eu viver, tão autorizada e santa como a dos mesmos deuses eternos; e, como a mesma República me restituiu à Corte, em nenhum lugar faltarei à República. E se alguém se persuade que mude de vontade, ou se enfraqueceu a minha constância, ou descaí de ânimo, engana-se enormemente; aquilo que me podia tirar a violência, o desacato, o atrevimento dos homens malvados, confesso que o tiraram, levaram, desbarataram; porém o que a um homem constante se não pode tirar ainda permanece e permanecerá. Lembra-me de ver o valorosíssimo varão de meu município, C. Mário (porque, por uma fatal necessidade, tive de contrastar não só os que quiseram arruinar a tudo, mas também a mesma fortuna), digo, pois, que o vi, sendo

já muito velho, não só de ânimo nada descaído com sua grande calamidade, mas vigoroso e restabelecido eu próprio lhe ouvi dizer que então fora ele infeliz, quando se vira privado de sua pátria, que livrara do sítio quando ouvira que de seus bens se empossavam e o roubavam os inimigos; quando vira a seu filho mancebo companheiro da mesma infelicidade; quando, mergulhado nas lagoas, estivera a conservação de sua vida em se compadecerem dele os de Mintúrpio; quando, passando à África em um batel, podre e humilde, chegara na presença daqueles a quem ele mesmo dera reinos; mas restituído a seu crédito, lhe não havia de suceder que recobrando ele o mais que tinha perdido, deixasse de conservar a constância de ânimo que nunca perdera. Esta diferença porém há entre mim e ele: que ele, com aquilo com que podia muito, se vingou de seus inimigos, quero dizer, com armas; eu me valerei do que sempre tive por costume; porque aquela arte só tem lugar na guerra e sedição, a minha na paz e sossego; ele, ardendo em ira, não se lembrava mais do que vingar-se dos inimigos; eu só porei o pensamento em inimigos quando a República mo permitir.

9. Enfim, romanos, quatro foram as castas de homens que me ofenderam: os primeiros aqueles que foram meus inimigos por ódio da República, que eu conservara contra a sua vontade; outros os que, fingindo-se amigos, me entregaram aleivosamente; os terceiros, aqueles que, como pela sua inércia não pudessem conseguir o que eu alcancei, invejaram o meu aplauso e merecimento; os últimos foram aqueles que, devendo ser guardas da República, me venderam a mim, a esta Corte e o crédito daquele Império que tinham em seu poder. Vingar-me-ei pois de cada uma destas ofensas pelo mesmo teor com que fui provocado; dos maus cidadãos, administrando bem a República; dos amigos desleais, não me fiando de nada e acautelando tudo; dos invejosos, seguindo a virtude e glória; dos mercadores das províncias, chamando-os à pátria e pedindo-lhes conta delas. Mas muito mais cuidarei em mostrar-me agradecido para convosco, a quem tão obrigado estou, do que em perseguir a meus cruéis ofensores e inimigos; pois mais fácil é vingar injúrias do que remunerar benefícios; e menos árduo prevalecer contra perversos do que igualar aos beneméritos; e também porque não é tão forte a obrigação de pagarmos o que devemos aos primeiros como aos segundos. O ódio, ou se mitiga com os rogos, ou se deixa com o decurso do tempo nos trabalhos da República, pelo bem comum, ou o atalha a dificuldade

da vingança, ou a muita antigüidade o aplaca; mas os beneméritos, se não os honrardes, nem implorar-lhes vos é permitido; não é necessário pedir isto à República, nem tendes escusa de haver dificuldades, nem é justo lembrar-vos do benefício até certo tempo e dia. Enfim, quem se portou remisso em vingar-se, logo é manifestamente louvado; mas seria digno de vitupério quem fosse tardio em remunerar tantos benefícios como os de que me enriquecestes; e não só ingrato (que não é pequena culpa), mas por ímpio deve ser tido. De diverso modo se paga o benefício que o dinheiro; porque quem retém o dinheiro, não o paga; quem o paga, não o retém; mas o agradecimento, quem o paga retem-no; e quem o retém o paga.

10. Portanto, com uma perpétua benevolência festejarei a memória do vosso benefício, não só enquanto em mim houver alentos de vida, mas ainda depois de morto permanecerão em mim monumentos da vossa beneficência para comigo. No agradecimento que vos dou, prometo nunca faltar-vos, nem com minha vigilância nas resoluções que tomar pela República, nem com o valor em desviar os perigos dela, nem com a lealdade em dizer sinceramente o meu parecer, nem com a liberdade em contrariar vontades humanas, nem com a indústria em levar os trabalhos, nem com a benevolência de um ânimo agradecido em promover as vossas utilidades. Perpetuamente estará sempre, romanos, fixo em meu ânimo este cuidado, para que tanto a vós (em quem a meu entender reside o poder e a vontade dos deuses imortais), como a vossos descendentes, e a todos os povos pareça benemérito daquela cidade que, com os votos de todos, julgou que não podia conservar a sua reputação senão recuperando-me.

❖

FILÍPICAS

ORAÇÕES DE MARCO TÚLIO CÍCERO CONTRA MARCO ANTÔNIO

Filípica I

Depois da morte de Júlio César, reinando em Roma o terror, por obra principalmente dos cônsules Marco Antônio e Dolabela, resolveu Cícero sair de Roma e passar à Grécia, com a idéia de ficar fora da cidade até a entrada de novos cônsules, que garantissem liberdade. Parando, porém, em Leucópetra, perto de Régio, na Calábria, na quinta de um seu amigo, P. Valério, aí foi informado de uma oração de Antônio, inspirada em princípios de justiça e de eqüidade. Resolveu voltar. Devido, porém, à canseira da viagem, não pôde, logo depois de sua chegada a Roma, participar da sessão do Senado, na qual devia falar novamente M. Antônio. Irritado, este, no seu discurso, disse que talvez fosse à casa de Cícero com oficiais para demoli-la. A esta expressão responde Cícero com a seguinte oração, pronunciada no Senado (em ausência, porém, de M. Antônio), queixando-se da ofensa, tanto mais que ele nunca demonstrara inimizade por Antônio, e exortando os dois cônsules a governar visando à paz, à concórdia e à liberdade do povo romano.

1. Antes que principie, Padres Conscritos, a dizer da República aquilo que entendo se deve advertir no tempo presente, expor-vos-ei brevemente o intento da minha partida e da minha tornada com toda a brevidade. Esperando em que algum dia à República se restituísse o vosso conselho e autoridade, fazia tenção de ficar alerta, como sentinela senatória e consular; nem dela apartava nunca, ou voltava os olhos, desde o dia em que fomos convocados para o Templo da Terra, em cujo templo, quanto foi da minha parte, lancei os fundamentos da paz, renovei o antigo exemplo dos atenienses, e me vali do vocábulo grego de que aquela cidade usava para apaziguar discórdias, julgando que

toda a lembrança de discórdias se devia sepultar em um perpétuo esquecimento. Ilustre foi então a oração de M. Antônio, generosa a sua vontade; enfim ele por si e por seus filhos estabeleceu a paz com os mais esclarecidos cidadãos. E com estes princípios concordava tudo o mais. Para aquelas deliberações que se tomavam em sua casa, acerca da República, convocava os magnatas da cidade; e esta ordem dava parte de tudo o principal; nada então se achava nos comentários de C. César, senão o que era a todos notório; a tudo o que se perguntava, respondia com suma constância. Porventura foram restituídos alguns desterrados? Dizia que um e, fora este, mais ninguém. Concederam-se imunidades? Nenhuma, respondia. Quis também que eu assentisse ao preclaríssimo varão Serv. Sulpício, em que nenhuma escritura de algum decreto, nem mercê de César, se firmasse depois de quinze de março. Passo muitas coisas em claro, e essas ilustres. Vou já, sem demora, a tratar, nesta oração, do singular feito de Antônio. Arrancou de raiz da República a dignidade de ditador, que envolvia já em si a força do poder real, sobre o qual nem sequer chegamos a dar sentença. Apresentou escrito o decreto do Senado, do que queria se fizesse; e recitado ele, com sumo gosto seguimos a sua autoridade, e lhe demos as graças por ordem do Senado, com honorificentíssimas expressões.

2. Parecia raiar-nos uma nova luz, extinto não só o reinado, que tínhamos sofrido, mas também o temor dele; dando um grande penhor à República, de que queria que a cidade fosse livre, quando aboliu da República inteiramente o nome de ditador (que muitas vezes foi justo) por causa da fresca memória da ditadura perpétua. Livre o Senado do perigo de mortandade, poucos dias depois se lançou a gadanha àquele fugitivo que usurpara o nome de C. Mário. Todas estas coisas fez Antônio de comum acordo com seu colega; outras foras próprias de Dolabela, que entendo seriam comuns de ambos, se o colega não estivesse ausente. Porque, como na cidade ia lavrando um contágio sem limite, e cada dia se difundia muito mais, e os mesmos que fabricavam no foro o busto eram os que tinham feito aquela desenterrada sepultura, e cada dia mais e mais homens perdidos, com servos seus semelhantes, ameaçavam as casas e templos da cidade, de tal modo castigou Dolabela assim os atrevidos e malvados servos, como os infames e facinorosos livres; e tal foi a ruína daquela abominada coluna que me causou admiração ter sido todo o demais tempo tão dessemelhante deste dia. Eis que no primeiro de junho, em que nos notificou para estarmos presentes, apareceu tudo mudado; nada feito

pelo Senado, muita coisa, e de grande importância, por ele mesmo, ausente o povo, e contra sua vontade; os cônsules designados diziam que se não atreviam a vir ao Senado; os libertadores da pátria não estavam na Corte; naquela, de cuja cerviz tinham derribado o jugo da escravidão; ainda assim os cônsules os louvaram em qualquer oração e prática familiar. Os veteranos, chamados às assembléias e dos quais esta ordem se acautelara com sumo cuidado, eram incitados não a conservarem o que tinham, mas a intentar novas presas. Como eu antes quis ouvir do que ver estas coisas, e tinha livre o direito do embaixador, me retirei com tenção de estar presente no primeiro de janeiro, que parecia ser o princípio de se juntar o Senado.

3. Tenho exposto, Padres Conscritos, o intento da minha partida, agora exporei brevemente o da tornada. Tendo-me eu desviado de ir a Brindes, não sem causa, por aquela estrada que é a ordinária para a Grécia, cheguei a Siracusa pelas calendas de agosto, por me dizerem que havia boa passagem desta cidade para a Grécia; esta cidade, com ser minha amicíssima, não me pôde hospedar mais de uma só noite porque receei que esta ida repentina aos meus amigos causasse alguma suspeita, se me detivesse. E sucedendo levarem-me os ventos de Sicília para Leucópetra, promontório dos campos de Régio, embarquei nesta paragem para passar adiante; e a pouco navegar voltei ao mesmo sítio donde saíra, repelido pelo nordeste. Por ser muito entrada a noite, fiquei na quinta de Q. Valério, meu companheiro e amigo, onde me demorei com ele à espera de vento; aqui me vieram visitar muitos do município de Régio, e muitos que havia pouco tinham chegado de Roma, dos quais recebi primeiro a oração de Antônio, a qual me agradou tanto que entrei logo a cuidar da volta. Não muito depois me trouxeram o édito de Bruto e Cássio, que me parece cheio de eqüidade; talvez porque os amo mais por causa da República do que da nossa familiaridade. Além disto, acrescentavam (o que comumente costuma suceder nos que querem dar alguma boa nova, acrescentar alguma coisa com que a façam mais alegre) que tudo se havia de concordar; que nas calendas de agosto se havia de congregar um numeroso Senado; que Antônio, repudiados os maus conselheiros e largadas as províncias de Gália, se havia de remeter à autoridade do Senado.

4. Tão intenso foi em mim o apetite de voltar que não havia remos, nem ventos que me satisfizessem; não porque julgasse não chegar

a tempo para estar presente na assembléia, mas por não chegar a dar graças à República mais tarde do que desejava. Levado velozmente a Vélia, me avistei com Bruto; com quanto sentimento meu não o digo; eu mesmo me envergonhava de me atrever a voltar para aquela cidade, donde se apartara Bruto, e de querer estar onde ele não pudera. Contudo o não vi perturbado como eu estava, mas mui animoso com a lembrança da sua façanhosa e belíssima ação; nada se queixava da sua desgraça mas muito da nossa. Ele foi quem primeiro me deu a notícia da oração de L. Pisão no Senado, no primeiro de agosto, o qual (segundo eu tinha ouvido a Bruto) ainda que foi pouco ajudado dos que o deveram ajudar, contudo, por testemunho de Bruto (que outro pode haver mais grave?) e por ditos de todos os que depois vi, me pareceu ter conseguido grande glória. Apressei-me pois para seguir aquele a quem não seguiram os que se achavam presentes; não para eu servir de coisa alguma (porque nem a esperava, nem a podia efetuar) mas para que, se me sucedesse alguma coisa favorável (pois muitas pareciam estar iminentes, preternaturais e mais que fatais) pudesse deixar neste dia esta voz, como testemunho da minha dedicação à República. E como me persuado, Padres Conscritos, ser da vossa aprovação a causa de ambos os conselhos, antes que entre a falar na República, me queixarei um pouco da ofensa que ontem me fez Antônio, de quem sou amigo e sempre julguei o devia ser, ainda que me não fizesse obséquio nenhum.

5. Que causa havia para ser eu só obrigado ontem com tanto rigor a ir ao Senado? Só eu faltava? Porventura não estavam, em outras ocasiões, ali menos senadores? Tratava-se algum negócio a que fosse preciso levarem também enfermos? Devia de estar Aníbal às portas, ou se cuidava em fazer a paz com Pirro; para cujo negócio ficou em memória, que levaram ao Senado Ápio, cego e velho? Propunha-se a matéria das súplicas, na qual não costumam faltar os senadores, pois são obrigados não com penhores, mas pela amizade daqueles de cuja honra se trata; o que também se faz, quando se propõe o triunfo, por cuja causa dá isto tão pouco cuidado aos cônsules que quase é livre ao senador não se achar presente; e como eu sabia este costume, e estava molestado do caminho e enojado comigo próprio, mandei como amigo quem lhe noticiasse isto mesmo. Quando ele o ouviu, disse na vossa presença, com demasiado enfado e mui desconcertadamente, que havia de ir à minha casa com oficiais. Por que crime é este castigo para se atrever a dizer nesta Ordem que havia de com oficiais

públicos derribar publicamente uma casa edificada por ordem do Senado? Quem jamais obrigou um senador com tanto dano? Para que é mais penhor nem multa? Se ele soubesse a sentença que eu havia de proferir, certamente afrouxaria um pouco da severidade com que me obrigava.

6. Porventura, Padres Conscritos, julgais que eu havia de decretar o que vós seguistes de má vontade? Que os sufrágios dos mortos se misturassem com as preces aos deuses? Que se introduzissem na República ritos de que não nos pudéssemos expiar? Que se decretassem preces por um defunto? Não direi por qual; seria talvez por aquele L. Bruto, que livrou a República de despotismo dos reais, e com semelhante valor e proeza propagou a sua prosápia por quase quinhentos anos; não poderia contudo acabar comigo em conceder que a um defunto se tributasse culto divino; para que onde quer que esteja a sua sepultura, e se lhe fazem sufrágios, aí mesmo se lhe façam também preces públicas. A sentença que eu devia proferir, Padres Conscritos, havia de ser de qualidade que no caso sobreviesse à República algum grave infortúnio de guerra, epidemia ou fome, facilmente me pudesse defender contra o povo romano; parte disto já sucede, parte temo que suceda. Mas praza aos deuses imortais que o perdoem ao povo romano, a esta Ordem, que o aprovou contra vontade. E poderemos falar nos demais males da República? A mim sempre é e será permitido defender o crédito e desprezar a morte; contanto que haja faculdade de vir a este lugar, não recuso o perigo de orar. Prouvera a Deus, Padres Conscritos, que eu tivesse podido estar presente no primeiro de agosto; não porque pudesse aproveitar coisa alguma, mas para que não fosse um só consular digno daquela honra, digno da República, como então sucedeu. Daqui nasce a minha maior mágoa vendo que homens que desfrutavam as maiores mercês do povo romano, não seguiram a L. Pisão, capitão de melhor sentença. Porventura fez-nos o povo romano consulares para que, colocados no supremo e mais esplêndido grau de honra, não fizéssemos caso da República? Não só com a voz, mas nem ainda com o semblante, houve cônsul algum que assentisse a Pisão. Que voluntária escravidão é esta? Mas (por desgraça!) alguma seria forçosa; nem eu pretendo isto de todos os que falam do lugar e assento senatório; uma é a causa daqueles a cujo silêncio perdôo; outra cujo falar requeiro; dos quais sinto que o povo romano deles suspeita que faltam ao seu decoro, não só por medo, o que bastava para infâmia, mas de algum por outra causa.

7. Portanto, em primeiro lugar muitas graças rendo e dou a L. Pisão, que não considerou o que podia fazer na República, mas o que devia fazer; depois vos peço, Padres Conscritos, que ainda que vos não resolvais a seguir a minha oração e autoridade, não obstante me ouçais benignamente, como tendes feito até agora.

Primeiramente julgo que se devem conservar as Atas de César; não porque as aprove, — porque, quem há que tal possa fazer? — mas porque entendo se deve principalmente atender à paz e sossego. Desejara que estivesse presente Antônio, contanto que fosse sem advogados, mas, como entendo lhe é permitido estar enfermo, o que ele ontem a mim não me permitia; ele me diria, ou antes vós, Padres Conscritos, como defendia as Ordenações de César. Porventura o que ele escreveu em apontamento, cartas e livrinhos, que ele só proferiu como seu autor, e nem sequer proferiu, mas disse, há de ser tido por Atas firmes de César, e o que ele gravou em bronze e quis se tivesse por Estatuto do povo e leis perpétuas, havia de desprezar-se? Na minha opinião nada está tanto nas Ordenações de César, como as leis de César. Porventura se ele prometeu a alguém alguma coisa, havemos de ter isso por seguro? Quando ele o não puder fazer, como não cumpriu o que a muitos outros prometera, sendo certo, ao mesmo tempo, que muito mais mercês se têm achado feitas depois dele morto do que ele distribuiu e concedeu em vida. Mas não mudo nada disso, nem o removo; antes com todo empenho defendo suas ilustres Atas. Oxalá existisse ainda hoje o dinheiro do templo de Ótis; ensangüentado na verdade, mas necessário neste tempo, em que se não entrega a quem ele pertence; posto que também este se espalhasse, seja, se assim estava decretado nas Atas de César. Há coisa que com tanta propriedade se possa chamar Ata, como a lei daquele que andou togado na República com poder e mando? Buscai as Atas de Graco, apresentar-se-ão as leis Semprônias; buscai as de Sila e se exibirão as Cornélias; o terceiro consulado de Pompeu em que Atas consiste? Certamente nas leis. Ao mesmo César, se lhe perguntásseis que fez na Corte e na toga, responderia que muitas e excelentes leis; os escritos, porém, ou os mudaria, ou os não daria ou, se os desse, os não computaria no número das suas Atas. Mas seja isso assim embora; em certas coisas concordo, mas nas maiores, isto é, nas leis, entendo que se não devem desmanchar as Atas de César.

8. Que lei melhor, nem de mais utilidade, e pedida instantemente pela República, quando ainda estava ótima, do que não reter o go-

verno das províncias pretórias por mais de um ano e das consulares por mais de dois? Tirada esta lei parece-vos que se conservam as Atas de César? Porventura com aquela lei que se promulgou sobre a terceira decúria, não se desfazem todas as leis judiciárias de César? E defendeis vós as Atas de César ao mesmo tempo que destruís as suas leis? Salvo se aquilo que para lembrança sua assentou em algum livrinho, se há de reputar por Atas, ainda que seja iníquo e inútil; e o que propôs ao povo nos comícios das centúrias, não se há de meter nas Atas de César. Mas que terceira decúria é esta? Dos centuriões, diz Antônio. E antes desta lei não se elegiam os desta Ordem para juízes pelas leis Júlia, Pompeana e Aurélia? Impunha-se o censo, diz, não só ao centurião, mas também ao cavaleiro romano; e deste modo homens de sumo valor e honra, que governam as Ordens, julgam e julgaram os negócios. Não busco estes, diz ele, todo o que entrou no governo de alguma Ordem julgue. Mas se o propuserdes assim para todo aquele que servisse na cavalaria, o que é mais louvável, por ninguém sereis aprovado; no juiz deve atender-se a fortuna e merecimento. Não procuro, diz, estas coisas; também acrescento juízes às ordenanças da Legião dos Alaudas; de outro modo dizem os nossos que não podem ser salvos. Que afrontosa honra para aqueles que chamais para julgar, sem poderem opinar, pois é o sentido da lei, que julguem na terceira decúria aqueles que se não atrevem a julgar livremente. Que erro, deuses imortais, mais enorme pode haver do que o daqueles que excogitaram semelhante lei? Quanto mais vil for o homem, com tanta melhor vontade levará suas sordidezas com a severidade de julgar, e trabalhará por parecer antes digno de decúrias honrosas do que metido com razão em uma desprezível.

9. Promulgou-se outra lei, para que os condenados por crime de violência e lesa-majestade, se quiserem, apelem para o povo; isto enfim é lei ou destruição de todas as leis? Quem há hoje em dia que lhe importe haver tal lei? Não há réu nenhum naquelas leis, ninguém que o entendamos o haja de ser; o que se obrou com as armas, nunca há de ser trazido a juízo. Mas é coisa tocante ao povo. Prouvera a Deus que quisésseis que alguma coisa fosse do povo! Pois já todos os cidadãos com vontade e vozes unânimes concordam sobre o bem da República. Que apetite vem logo a ser este de expedir uma lei que envolve a maior infâmia e nenhuma aceitação? Que corsa mais vil que aquela, que violentamente diminuiu a majestade do povo romano? Mas para que disputar mais sobre tal lei, como se se pro-

curasse que alguém apelasse? O que se trata, e se determina, é que ninguém jamais seja havido réu por essas leis. Que acusador pode haver tão insensato que, estando o réu condenado, possa ser salvo da multidão assalariada? Ou que juiz se atreverá a condenar o réu havendo ele sido constrangido a empregar-se em ministérios servis? Não concede pois a lei esta apelação; mas arrancaram-se duas leis sumamente proveitosas, e duas inquirições. Que outra coisa vem isto a ser senão exortar os mancebos a que sejam turbulentos, sediciosos e perniciosos cidadãos? Tiradas estas duas inquirições, de violência e lesa-majestade, a que ruína não se arremessará a insolência dos tribunos? Além de que, não se ab-roga isto com aquelas leis de César que mandam sejam privados de água e fogo os condenados de força e lesa-majestade? Concedendo-se a estes apelação, não se rescindem as Atas de César? Eu, Padres Conscritos, que nunca as aprovei, julguei se deviam conservar por causa da paz; de modo que não só entendi que se não deviam enfraquecer no tempo presente aquelas leis que César expediu sendo vivo, mas nem ainda aquelas que depois da sua morte estais vendo promulgadas e estabelecidas.

10. Por um homem morto, foram muitos restituídos do desterro; um morto foi quem concedeu o foro de cidadão não só a qualquer homem particular, mas a todas as nações e províncias; um morto tirou os tributos com infinitas isenções. Se nós defendemos estas coisas, sendo de um só autor, posto que ótimo, feitas particularmente, havemos de querer destruir aquelas leis que César recitou, expediu e promulgou na vossa presença, sobre as províncias e juízos com que ele entendia manter-se a República, defendendo nós as Atas de César? Ainda destas leis que foram promulgadas, ao menos nos podemos queixar; mas daquelas que se dizem expedidas, já antes, nem isto nos foi permitindo; porque estas de nenhum modo foram promulgadas antes que fossem escritas. Perguntam, Padres Conscritos, que motivo tenho eu, ou qualquer de vós, para temer leis perversas de tão bons tribunos do povo; pois tendo prontos a sujeitos, que as possam embargar, e aparelhados a defender a República, não há de quem ter medo algum. De que embargos, dizem, me falas tu? De que augúrios? Daqueles com que as sustenta e conserva a República. Tudo isto desprezamos e temos por antigüidade e cheio de estultícia; cercar-se-á o foro, tomar-se-ão todas as entradas, pôr-se-ão fortes presídios em muitos lugares. E então? O que deste modo se fizer, será, e vereis que se grava em bronze. Dou tudo isto por legítimo.

"Os cônsules com direito exortaram o povo"; cujo direito de exortar o recebermos de nossos maiores. "O povo com direito foi informado". Que povo? Aquele porventura que foi excluído? Com que direito? Com aquele que foi abolido pela violência das armas? Isto digo eu do futuro, pois é de amigo dizer antes o que se pode evitar; e se não suceder, refutar-se-á a minha oração. Falo das leis promulgadas, das quais ainda podeis deliberar; mostro-vos seus vícios, tirai-os; anuncio-vos força e armas, removei-as.

11. Não deves, pois, Dolabela, agastar-te contra mim, quando assim oro pela República; ainda que me persuado que o não hás de fazer, pois inteirado estou da tua docilidade. De teu colega dizem que o está, nesta sua fortuna, que a ele lhe parece boa, e a mim, por não dizer coisa mais pesada, me pareceria mais afortunado se imitasse o consulado de seus avós e de seu tio; mas ouço dizer que se pôs irado. Bem vejo quão odioso é ter tirado o mesmo que está armado, principalmente quando andam tão soltas as armas; mas proporei um partido justo na minha opinião, que entendo não rejeitará M. Antônio. Se eu disser alguma coisa afrontosa contra a sua vida ou costumes, não recusarei que ele seja meu inimigo. Se insistir no meu costume, que sempre pratiquei na República, de dizer da República livremente o que entendo, primeiramente lhe peço que não se agaste, em segundo lugar, se isto não conseguir, que se ire com um seu concidadão; use das armas, se assim é necessário como diz, para sua defesa; e não danifique a quem disser o que entende pelo bem da República! Que requerimento pode haver mais justo do que este? E se ele, como me dizem alguns amigos, se dá por ofendido de toda a oração que se não ajusta à sua vontade, ainda que nela não haja afronta alguma, sofrerei o gênio do amigo. Mas aqueles mesmos me dizem deste modo: não se te há de permitir a ti, que és adversário de César, o mesmo que a Pisão seu sogro; e juntamente me advertem alguns deles o que hei de acautelar; e não será, Padres Conscritos, causa mais justa de não vir ao Senado a da enfermidade que a da morte.

12. Mas pelos deuses imortais te asseguro, Dolabela, a quem amo estreitissimamente, que não posso calar o erro em que vós ambos estais. Persuadido estou da vossa nobreza de ânimo e que aspirais a coisas grandes e não a dinheiro, como alguns demasiadamente crédulos suspeitam, o que nenhum varão eminente e esclarecido deixou de desprezar; nem as forças violentas e potência insofrível

ao povo romano, mas ao amor dos cidadãos e glória. É pois a glória, o louvor das boas obras e grandes merecimentos para com a República, aprovado pelo testemunho de todas as pessoas beneméritas, e juntamente pela multidão. Dir-te-ia, Dolabela, qual é o fruto das ações boas, se não visse que já o tens um pouco experimentado. Que dia te amanheceu mais alegre, de que te possa lembrar, do que aqueles em que, expiado o foro, desbaratada a assembléia dos perversos, livre a cidade do temor de incêndio, e mortandade, te recolheste para tua casa? Que classe, gênero e condição de pessoas houve que obsequiosas te não dessem louvores e agradecimentos? E também a mim, de quem julgavam te havia aconselhado, me rendiam as graças os sujeitos beneméritos, e em teu nome me davam parabéns. Lembra-te, te peço, Dolabela, daquele consentimento do teatro, quando esquecidos todos daquilo com que se tinham escandalizado de ti, deram a conhecer que, com o novo benefício que lhes fizeras, se haviam esquecido do seu antigo sentimento. Tiveste, Dolabela, coração (com grande mágoa o digo) para desprezar com ânimo sossegado este tão insigne merecimento?

13. A ti me volto, M. Antônio, ausente; não antepões aquele só dia em que se congregou o Senado no Templo da Terra, a todos aqueles meses em que os que discordam muito de mim te julgavam bem-aventurado? Que nobre oração não foi aquela da concórdia? De quanto temor não livraste os veteranos, e de quanta ansiedade a cidade? Aquele foi o primeiro dia em que, deixadas as inimizades, esquecido dos agouros por ti mesmo anunciados, sendo agoureiro do povo romano, quiseste que teu colega entrasse a ser teu companheiro; e teu pequeno filho, mandado por ti ao Senado, foi o penhor da paz. Que dia mais alegre para o Senado, e para o povo romano? Não há memória que jamais se juntasse tão numeroso em assembléia alguma. Então enfim pareceu sermos livres por homens de sumo valor porque à medida do seu desejo se seguia a paz à liberdade. No dia próximo, e no terceiro e quarto, e nos mais que se seguiram, nenhum deles deixavas passar, sem trazeres algum novo donativo à República, dos quais foi o maior de todos abolires o nome de ditador; esta foi a nota, com que tu, tu mesmo, digo, marcaste o defunto César para perpétua infâmia. Assim como por causa do crime de Mânlio, por decreto da gente mânlia, não é lícito a patrício nenhum chamar-se Mânlio, assim tu, por ódio de um ditador, aboliste para sempre o nome da ditadura. Será verdade que, depois de ter feito tão grandes coisas pelo bem da

pátria, tu não darias mais valor à fortuna, à grandeza, ao esplendor, à glória? Donde procedeu pois tão grande mudança repentina?

Não posso persuadir-me a suspeitar que te cativou o dinheiro. Diga cada qual o que quiser, não tenho necessidade de o crer; nunca em ti conheci coisa indecorosa nem abatida, posto que os domésticos às vezes costumam censurá-las; mas estou inteirado da tua constância, e prouvera a Deus que pudesses evitar a suspeita, assim como evitas a culpa.

14. Mas muito mais receio que, ignorado o verdadeiro caminho da honra, tenhas por mais glorioso poderes tu só mais do que todos, e quereres antes ser temido de teus patrícios do que amado. Se assim o entendes, muito te desvias do caminho da glória. A glória consiste em ser cidadão amado, ser benemérito da República, e louvado, respeitado e querido; mas ser temido e malquisto é coisa aborrecível, detestável, fraca e caduca. Até na fábula vemos que aquele que dizia: "Aborreçam, contanto que temam", lhe serviu isto de ruína. Oxalá, Antônio, te lembrasses de teu avô, de que me tens ouvido falar não pouco muitíssimas vezes. Julgas que quis ele merecer a imortalidade, procurando fazer-se temido por meio das armas que tinha a faculdade de ter consigo? Toda a sua vida e próspera fortuna consistia em ser igual aos mais na liberdade, e superior no merecimento. Enfim, deixando as prosperidades de teu avô, eu antes quisera o seu rigorosíssimo fim do que o despotismo de Cina, que o matou crudelissimamente. Mas para que é querer dobrar-te com minha oração? Se o fim, de César não pode fazer que antes queiras ser amado que temido, não haverá oração que tal possa conseguir, nem acabar. Resolve-te, pois, olha para os teus antepassados e governa a República de modo que os teus cidadãos folguem de ter nascido, porque sem isto ninguém pode chegar a ser feliz, nem esclarecido, nem muito poderoso.

15. Ambos vós tendes pela vossa parte muitos juízos do povo romano, que sinto sumamente vos não acabem de mover. Que quiseram significar os clamores de inumeráveis cidades com os gladiadores? Que diziam as cantigas do povo? Os aplausos infinitos às estátuas de Pompeu? Aos dois tribunos do povo, que vos fazem oposição? É pequena prova esta da unânime vontade de todo o povo romano? Por que vos pareciam nos jogos de Apolo diminutos os aplausos, ou, por melhor dizer, as atestações e juízos do povo romano? Bem-aventurados aqueles que, não podendo achar-se presentes,

impedidos pela força das armas, estavam contudo ali metidos no coração e entranhas do povo romano. Salvo se acaso julgais que os aplausos eram feitos ao poeta Ácio, e se lhe dava a palma sessenta anos depois de a merecer, e não a Bruto, que assim foi privado de seus jogos, de modo que naquele aparatosíssimo espetáculo significou o povo romano o afeto que lhe tinha, estando ausente; e mitigou a saudade do seu libertador com um perpétuo aplauso e aclamação. Na verdade que, tendo eu sempre desprezado semelhantes aplausos, quando se davam por cidadãos populares, sou o mesmo que digo que quando semelhante aplauso é dado pelas pessoas de todas as classes, o não avalio por aplauso, mas por juízo. Se isto vos parece de pouca importância, sendo na realidade de suma consideração, desprezais também o que experimentastes, em ser tão amada do povo a vida de A. Hírcio? Já sabíamos qual era a estima que por ele tinha o povo romano, o afeto sem igual dos seus amigos, o amor da sua família, à qual sua vida é tão preciosa; mas tanta ansiedade dos bons, tanto temor em todos, quem houve que o merecesse? Que quer isto dizer, deuses imortais? Não penetrais o que isto quer dizer? Que entendeis meditam da vossa vida aqueles que tanto amam a sujeitos em quem têm posta a confiança de que hão de acudir à República? Recebido tenho, Conscritos, o fruto da minha tornada; pois tenho dito o que basta para que fique um testemunho de minha consciência, qualquer que seja o sucesso que haja de vir; e vós me tendes ouvido com benignidade e atenção. Se esta faculdade me for concedida mais vezes sem meu perigo nem vosso, usarei dela, e se não, me guardarei, não tanto por mim como para a República. Penso ter vivido bastante: seja com respeito ao número de anos, seja com respeito à glória; se viver ainda mais, não tanto será para utilidade minha, como vossa e da República.

❖

Filípica II

Em resposta à Filípica I, de Cícero, pronunciou M. Antônio uma longa oração, declarando a sua inimizade para com o orador. Respondeu Cícero com a Filípica II, na qual rebate as acusações feitas contra ele, e, com grande violência, acusa M. Antônio de uma vida, a começar da infância até chegar às culminâncias do poder, cheia de desordens, licenciosidades e delitos. Não é certo se a Filípica II chegou a ser pronunciada no Senado, pois parece que a populaça armada por M. Antônio o impediu. Esta oração foi a causa principal da morte violenta de Cícero, perseguido pelo seu inimigo.

1. Não sei, Padres Conscritos, com que sorte minha sucede que de vinte anos a esta parte ninguém foi inimigo da República, que ao mesmo tempo não declarasse guerra contra mim! Nem é necessário nomear eu alguém em particular, assaz o tendes vós na vossa lembrança; maior castigo tiveram eles do que eu lhes poderia desejar. Admiro-me, Antônio, que não temas o fim daqueles, cujas ações imitas. Por certo que admirava eu isto noutros, pois de nenhum fui inimigo particular; a todos me opus por amor da República. Mas tu, a quem não ofendi nem com uma palavra, por muito tua vontade me provocaste com injúrias, para pareceres mais atrevido que Catilina, e mais furioso que P. Clódio, entendendo que em te desavires comigo ranharias reputação junto aos cidadãos perversos. Que entenderei pois? Que estou desprezado? Não vejo na minha vida crédito e ações, nem neste meu medíocre talento coisa que Antônio possa desprezar. Acaso entenderia lhe era fácil desacreditarem no Senado, em uma Ordem que de muitos ilustres cidadãos atestou terem governado com acerto a República, e só de mim o tê-la conservado? Quereria contra

mim fazer ostentação de eloqüência? Favor por certo é este; porque que matéria mais vasta e fecunda de que falar em minha defesa contra Antônio? O verdadeiro motivo foi entender que não poderia mostrar a seus semelhantes que era inimigo da pátria, senão declarando-se meu inimigo. Antes que lhe responda ao demais, direi um pouco sobre a matéria da amizade de que me acusa que eu violara, crime que tenho por gravíssimo.

2. Queixou-se que eu não sei quando, advogara contra ele uma causa. Podia eu deixar de defender um parente e um amigo contra um estranho? Não havia de opor-me a uma reputação ganhada não com a nobreza da virtude, mas com atrativos da mocidade? Não me havia de enviar contra a injustiça, patrocinada do mais iníquo oponente, e não da autoridade do pretor? Mas eu creio que fizeste menção disto por conciliares a proteção da ínfima Ordem; pois não há quem não saiba seres tu genro de homem forro, e teus filhos netos de Q. Tádio, também homem forro. Porém, tinhas-te posto debaixo da minha disciplina (segundo dizias), e me visitavas com freqüência. Por certo que se assim o houvesses feito, mais aproveitada estaria a tua reputação e honestidade; mas nem o fizeste assim, nem, ainda que o desejasses, C. Curião to deixaria fazer. Disseste que me concederas o pedir a dignidade de agoureiro. Há tal atrevimento! Há maior desaforo! No tempo em que todo o Colégio me requeria, e que Pompeu e Hortênsio me nomearam (pois não podia ser nomeado por maior número), não podias tu pagar as dívidas, nem querias achar segurança, senão na ruína da República. Podias então requerer o cargo de agoureiro não estando Curião na Itália? Ou quando te fizeram agoureiro, podias sem o mesmo Curião ter os votos de uma só tribo? Quando teus amigos foram condenados por suas violências e pelo demasiado favor que te deram!

3. Mas eu (dizes tu) me vali de teu favor. De qual favor? Ainda que sempre confessei isso mesmo? Antes quis confessar que te devia obrigações do que parecer a algum desatento menos agradecido. Mas que favor é esse? É o de me não matares em Brindes? Havias de matar a quem o mesmo vencedor quis que fosse salvo e voltasse à Itália, quando te deu o mando das suas tropas de ladrões, de que tu te costumavas gloriar? Suponhamos que tu o pudesses ter feito. Não é este um benefício semelhante ao dos ladrões, quando dizem que deram a vida a quem a não tiraram? Se isto é mercê, não con-

seguiriam tanta glória aqueles que tiraram a vida a quem os tinha conservado. Que mercê foi absteres-te de um tão atroz delito? Neste caso menos estimável é no meu entender não me teres morto, do que lamentável o poderes fazê-lo impunemente. Mas seja embora mercê, pois de um ladrão não se podia receber outra maior; que motivos tens para poderes me chamar ingrato; não havia de me queixar da ruína da República, por não parecer ingrato contigo? Em que faltei eu à moderação ou à amizade naquela minha queixa, digna por certo de compaixão, e deplorável, mas a mim precisa neste grau em que me colocou o Senado e povo romano? Que moderação não foi absterme de palavras afrontosas em uma declamação contra M. Antônio? Principalmente havendo tu destruído as relíquias da República; quando com a mais vil negociação tudo em tua casa se vendia; quando confessavas haver leis postas a teu respeito, e por ti, que nunca haviam sido promulgadas; quando, sendo agoureiro, aboliste os agouros, e sendo cônsul, os embargos; quando, perdido de vinho e dissoluções, te enlodavas quotidianamente em todo o gênero de torpezas em uma casa tão honesta! Mas eu, como se a alteração fosse com M. Crasso, com quem tive muitas e grandes, e não com um péssimo gladiador, lamentando amargamente o estado da República, não disse deste homem coisa alguma; hoje pois o farei, para que conheça a mercê que lhe fiz em me haver calado.

4. Este homem, sem humanidade alguma nem conhecimento da vida civil, leu publicamente as cartas que lhe escrevi, segundo ele diz. Que sujeito houve com uma pouca de boa criação, que, com o pretexto de algum particular descontentamento com seu amigo, manifestasse as suas cartas e as lesse publicamente? Que outra coisa é tirar aos amigos ausentes a correspondência, senão desterrar da vida humana a convivência? Quantas galantarias costumara haver nas cartas que, se se disseram em público, parecerão necessidades? E quantas coisas sérias que, não obstante, não se devem divulgar? Passemos-te por essa desumanidade; vede, Conscritos, a sua incrível estultícia. Que tens contra mim, homem eloqüente, conforme o pareces a Mustela Tamício e Tiron Numísio? Neste momento, eles estão armados à vista do Senado; e eu mesmo te terei por hábil orador, se me mostrares que eles não são malfeitores. Que me responderás se eu disser que jamais escrevi essas cartas? Com que testemunhas me convencerás? Porventura com a minha firma, matéria em que tens ciência de lucro? Como podes convencer-me, havendo amanuenses?

Inveja tenho a teu mestre, que te ensinou a não saber nada, com tão grande paga, como vou já a dizer. Que coisa menos digna, não digo eu de um orador, mas de um racional, que opor ao adversário um fundamento que, se ele o negar verbalmente, não podereis dizer mais nada por diante? Porém eu não o nego, e nisto mesmo te convenço não só de desumano, mas de louco; porque, que expressão há nessas cartas que não seja sumamente humana, cortês e benévola? Toda a tua acusação consiste em que nessas cartas não formo mau conceito de ti, e te escrevo como a um cidadão e a um homem de bem, e não como a um malvado ladrão. Mas eu não hei de publicar as tuas cartas, posto que tinha direito de o fazer, pois me provocaste, nas quais me pedes te dê permissão de mandares voltar do desterro a certo sujeito, e protestas de não o fazer sem o meu beneplácito. Assim o consegues de mim; e para que me havia eu de opor à tua insolência, não a podendo refrear a autoridade desta Ordem, nem o respeito do povo romano, nem lei alguma? E para que era preciso rogares-me, estando protegido por uma lei de César aquele por quem te interessavas? Porém quis que a mercê fosse minha em matéria em que, suposta a lei, nem ele a podia fazer.

5. Tendo pois, Padres Conscritos, de falar um pouco de mim e muito contra M. Antônio, vos peço primeiramente que, quando disser de mim, me ouçais com benignidade; e em segundo lugar eu farei que, quando falar contra ele, me não negueis a atenção. Além disso vos rogo que, se nos meus discursos (como na minha vida) mostrei sempre moderação e modéstia, não pensei que hoje, respondendo a Antônio com o mesmo tom com o qual ele me provocou, eu me esqueça daquela moderação e modéstia. Não o tratarei como cônsul, pois ele também não me tratou como personagem consular. De outro lado, ele não é cônsul pelo seu modo de vida, nem pela sua conduta política, nem pela maneira de sua eleição. Quanto a mim nada está contra a minha qualidade consular. Para que conhecêsseis pois como ele se porta no consulado, me lançou em rosto o meu, o qual, Padres Conscritos, só no nome foi meu, e na realidade vosso, pois, que estabeleci eu, executei, ou fiz, que não fosse por deliberação e autoridade desta Ordem? Isto que tu, homem eloqüente e sábio, te atreves a vituperar na presença daqueles, por cujo conselho e sabedoria se executou? Quem houve que vituperasse o meu consulado senão P. Clódio? Cuja sorte te espera como a C. Curião, pois tens em casa aquilo que a ambos foi fatal. Meu consulado não agradou a M.

Antônio! Mas agradou a P. Servílio, que considero o principal entre os consulares desta época, e foi o último que tivemos; agradou a Q. Catulo, cuja autoridade permanecerá sempre entre nós; agradou aos dois Lúculos, a M. Crasso, a Q. Hortênsio, a C. Curião, a M. Lépido, a C. Pisão, a M. Glabrião, a L. Volcácio, a C. Fígulo, a D. Silano, a L. Murena, que eram então cônsules designados. Agradou, do mesmo modo que aos consulares, a M. Catão, que, morrendo, foi poupado, entre tantos outros males, ao deste ver feito cônsul Pompeu aprovou sumamente o meu consulado: ele, quando me viu, durante a sua volta da Líria, abraçou-me e agradeceu, afirmando que devia a mim o poder ver a pátria. Mas para que nomear a cada um em particular? A todo um numerosíssimo Senado agradou de tal sorte o meu consulado que não houve ninguém que me não desse as graças como a pai, e confessasse dever-me a conservação de sua vida, filhos, posses e da República.

6. Porém, como a República foi privada de tantos e tão grandes homens como os que nomeei, falemos dos vivos, a saber, de dois consulares que nos restam. L. Cota, varão de sublime entendimento e de consumada literatura, depois de obradas estas ações que tu censuras, e depois de uma aparatosa oração, decretou se dessem graças aos deuses, concordando com ele todos os consulares, que há pouco nomeei, e todo o Senado; honra que a nenhum ministro de toga se concedeu, senão a mim desde a fundação desta Corte. L. César, teu tio, com que eloqüência, com que fortaleza e autoridade não proferiu sentença contra seu cunhado, teu padrasto! Devendo tu tomar a este por teu diretor e mestre, antes te quiseste parecer com o padrasto que com o tio. Eu, como ser estranho, me vali de seus documentos; tu, sendo sobrinho, quando te aconselhaste com ele no governo da República? E com que casta de homens se aconselha ele? Ó deuses imortais, com aqueles mesmos cujo aniversário devemos festejar! Não veio hoje Antônio ao Senado; qual será a causa? Festeja anos na sua quinta; anos de quem? Não nomearei ninguém; suponde que são de algum Formião, Gnatão ou Dalião. Que indigno homem! Que insolente desaforo! Que insofrível dissolução! Tens um parente tão próximo entre os primeiros senadores, e na classe de cidadãos de mais distinto merecimento, e não o buscas para te aconselhar em negócios públicos, e vais ter com uns mendigos faltos de bens, que te devoram os teus!

7. Foi pois o teu consulado proveitoso, e o meu pernicioso. Tão perdida tens a vergonha e rubor que te atreves a tal dizer naquele templo, em que eu consultei um Senado, que algum dia florente governava o Universo, e onde tu introduzes homens facinorosíssimos com armas. Também te atreveste (e a que não te atreverás!) a dizer que sendo eu cônsul estivera o monte Capitólio cheio de escravos armados; suponho que era para fazer violência ao Senado, para que decretasse aquelas iníquas ordenações. Que infeliz em falares com tanto desaforo na presença de semelhantes personagens, ou saibas ou não daqueles decretos (pois não sabes coisa boa)! Que cavaleiro romano, que mancebo nobre, à exceção de ti, que sujeito de qualquer classe houve que, lembrando-se de que era cidadão, deixasse de concorrer ao monte Capitólio quando o Senado se congregou neste lugar? Quem deixou de alistar o seu nome? Posto que mal havia escrivães nem livros que bastassem para os nomes. Quando, tendo homens malvados confessado o parricídio da sua pátria, e sendo convencidos, pelos denunciantes, e pelas suas firmas, ou, por melhor dizer, pela voz das suas cartas, que queriam abrasar esta cidade, derrotar os cidadãos, assolar a Itália, e destruir a República, quem se animaria a defender o bem público? principalmente tendo então o povo romano um capitão que, se agora o fosse, te sucederia o mesmo que aqueloutros. Diz que eu não dera à sepultura o corpo de seu padrasto. Isto nem P. Clódio o disse, de quem com razão fui inimigo; mas agora sinto que já tu excedes em todo o gênero de vícios.

8. As necedades[1], incoerências e disparates de que enchestes toda a tua oração foram tantas que mais te impugnaste a ti próprio do que a mim. Confessavas que teu padrasto fora cúmplice de um tão enorme crime, e lamentavas ter sido castigado. Deste modo elogiaste o que foi meu, e censuraste o que pertenceu a todo o Senado, pois eu fui o que prendi os réus, e o Senado o que os castigou. Não conhece este eloquente homem que elogia aquele mesmo com quem litiga, e vitupera aqueles diante de quem fala. E que maior, não direi atrevimento (pois deseja lhe chamem de atrevido) mas estultícia (o que não é de seu gosto), em que excede a todos, do que fazer menção do monte Capitólio, ao mesmo tempo que andam homens armados junto de nossos assentos; e neste mesmo templo da Concórdia (deuses imortais!),

---

[1] *Necedades*: ignorância crassa, estupidez, idiotismo. (N. do E.)

depois ...lado se proferiram aquelas saudáveis sentenças,
a dizer ...e hoje conservamos a vida, estão homens postos
parado ...Senado, acusa a Ordem Eqüestre, que então se
minha ...enado, acusa todas as Ordens e todos os cidadãos,
s, que ...esses estar esta Ordem cercada de soldados iturea-
...mento que te faz falar com tanta imprudência, mas
...a repugnância que nisto há. Bem mostras não ter
uma, ...is que maior falta dele que lançares em rosto toma-
nilia- ...em da República, ao mesmo tempo que tu as tomas
ou a ...Também em certa ocasião se quis mostrar gracioso.
egou ...senxabidez! Bons deuses! Alguma culpa tens nisto,
a os ...participado de algum sal² da tua comediante mulher.
a de ...tas à toga, dizes; e então, porventura cederam? Pois
uns ...deu a toga às tuas armas. Saibamos pois: qual foi me-
foi ...as armas dos malfeitores à liberdade do povo romano,
tro, ...erdade às tuas amas? Nada mais responderei sobre os
; se ...taste, somente te digo, em poucas palavras, que tu os
tas ...s, nem letras algumas, e eu, sem nunca faltar à República
de- ...s amigos, ainda assim nunca deixei, com todo o gênero
as, ...sição, de procurar que as minhas vigílias e estudos fossem
ha ...proveito à mocidade, e de algum crédito ao nome romano.
se ...não cabe aqui; passemos a coisas mais importantes.

Disseste que P. Clódio fora morto por conselho meu; que diriam
, se fosse morto quando, à vista do povo romano, o perseguiste
ro com a espada nua na mão e concluirias o negócio se ele não
metesse debaixo da escada da loja de um livreiro? Nisto confesso
eque te louvei; que to aconselhei, nem tu mesmo o dizes. Quanto a
Milão, nem ainda favor lhe dei, porque primeiro concluiu ele a obra
que ninguém suspeitasse que o faria. Mas eu o exortei, dizes tu; assim
é, que o ânimo de Milão era de tal qualidade que sem exortador não
podia procurar o bem da República. Mas alegrei-me; pois quê? Sendo
universal a alegria da cidade, só eu havia de estar triste? Confesso
que a devassa sobre a morte de Clódio não foi disposta com muita
prudência; porque, que necessidade havia de uma nova lei para se
devassar de quem tinha feito um homicídio, estando a devassa estabelecida pela lei? Sem embargo disto, se fez a informação. Ninguém,

---

² *Sal*: chiste, pilhéria, finura de espírito, graça. (N. do E.)

quando isto sucedeu, depôs coisa alguma contra mim, e só tu, [de]
de tantos anos, achas que dizer? Quanto ao que te atreveste
com tanta difusão, que por diligências minhas fora Pompeu se[parado]
da amizade de César, e desta causa brotara a guerra civil por [minha]
culpa, não te enganaste de todo no fato, mas sim nos tempo[s, que]
lhe é o principal.

10. No consulado de M. Bíbulo não omiti diligência alg[uma,]
fazendo todo o empenho possível para separar a Pompeu da fa[milia-]
ridade de César; mas este teve mais felicidade, porque sepa[rou a]
Pompeu da minha amizade. Porém, depois que Pompeu se entr[egou]
inteiramente a César, para que havia eu de empenhar-me pa[ra os]
desunir? Louco seria se tal esperasse, insolente se tivesse a idé[ia de]
o experimentar. Duas foram as ocasiões em que dei a Pompeu al[guns]
avisos contra César; estes quero que condenes se puderes: um [foi]
que não se prorrogasse à César o governo além de cinco anos, ou[tro]
que se não atendesse ao seu requerimento estando ele ausente[; se]
eu o capacitasse de ambas estas coisas não viríamos a parar ne[stas]
infelicidades em que nos vemos. Também eu fui o mesmo que,
pois que Pompeu meteu em poder de César todas as suas rique[zas]
e da República, e começou a sentir tarde o que eu muito antes ti[nha]
previsto, vendo iminente à pátria uma cruel guerra, não descan[sei]
em procurar paz, concórdia e composição. Bem notório é aqu[ele]
meu dito que muitos me ouviram: Oxalá, Cn. Pompeu, que nun[ca]
fizesses aliança com César, ou nunca a quebrasses; uma destas cois[as]
competia ao teu crédito, a outra à tua prudência. Estes foram sempr[e,]
M. Antônio, os meus ditames relativos a Pompeu e à República; [se]
eles prevalecessem, duraria ela ainda hoje e tu cairias com o peso d[os]
teus delitos, penúria e infâmia.

11. Mas isto são coisas velhas; que César fora morto por meu
conselho, é novidade. Já receio, Padres Conscritos (coisa na verdade
vergonhosíssima), vos pareça ter eu provocado contra mim um acusador que me honrasse, não só com os louvores próprios, mas com os
alheios. Há porventura quem ouvisse pronunciar o meu nome entre
os autores desta gloriosíssima ação? Há entre eles algum cujo nome
se ocultasse? Que digo, ocultasse? Que logo não se publicasse? Mais
facilmente direi eu que alguns se prezaram de parecer sócios desta
conspiração, que na realidade o não foram, de que houvesse alguém
que o quisesse encobrir. É verossímil que entre tantos sujeitos, uns de

baixa esfera, outros mancebos indiscretos, se pudesse encobrir o meu nome? Quando aos autores daquela ação faltassem exemplares para libertar a pátria, induziria os Brutos, ambos os quais tinham diante dos olhos o retrato de M. Bruto e um deles também o de Ahala? Uns homens, pois, que procediam de semelhantes ascendentes, haviam de se aconselhar antes com os estranhos que com os seus? Com os de fora antes que com os de casa? Que necessidade tinha de mim C. Cássio, nascido naquela família que não só soberania mas nem autoridade podia sofrer? Este só, ainda sem o adjutório dos outros esclarecidos varões, concluiria esta empresa na Cilícia, na foz do rio Cidno, se César desembarcasse na margem onde tinha determinado e não na contrária. A minha autoridade foi a que excitou Cn. Domício a recuperar a liberdade, ou a morte de seu pai, varão tão ilustre, e de seu tio, e a perda do próprio crédito? Persuadi porventura a C. Trebônio, a quem nem dar conselho me atreveria? Suma é a obrigação em que lhe está a República, pois antepôs a liberdade do povo romano à amizade de um só sujeito, e antes quis desterrar o despotismo do que ser participante dele. Guiou-se pelos meus conselhos L. Cimber? De quem eu mais me admirei que fizesse semelhante coisa, do que entendi que a havia de fazer: a causa da minha admiração foi que ele se esqueceu dos benefícios e se lembrou da pátria. Que direi dos dois Servílios, dos Cascas e Ahalas? Julgas que os excitou a essa ação mais a minha autoridade do que o amor da República? Coisa prolixa seria discorrer pelos mais. Gloriosa foi esta ação para a República, mas muito mais para eles.

12. Mas trazei agora à memória o teor com que me acusou este sutil homem. Tanto que César foi assassinado (dizia ele), levantando M. Bruto mui alto o punhal ensangüentado, bradou nomeadamente por Cícero, dando-lhe os parabéns por estar recuperada a liberdade. Por que me nomeou ele a mim particularmente? Como sabia eu da conjuração? Vê não fosse a causa de me nomear que, tendo obrado uma ação semelhante às minhas, me quis principalmente tomar por testemunho de que ele fora êmulo dos meus louvores. Não sabes, louco varrido, que se é crime querer matar a César, também o é alegrar-se pela sua morte? Pois, que diferença há entre quem aconselha e quem aprova? Que mais importante, querer que se faça do que folgar que se fizesse? Quem há senão tu, e os que gostavam que ele reinasse, que não estimasse esta ação ou não a aprovasse depois de feita? Nesta parte todos estão culpados, porque todos os bons, quanto esteve da

sua parte, mataram a César; a uns faltou a resolução, a outros o valor, a outros a ocasião, a vontade a nenhum. Mas reparai na estolidez, não digo deste homem, mas deste bruto. As suas palavras são estas: M. Bruto, a quem eu nomeio por honra, tendo o seu punhal ensangüentado, exclamou por Cícero; donde se dá a entender que ele era sabedor. A mim, pois, me chamas malvado, de quem suspeitas que suspeitei alguma coisa; e nomeias por honra aquele que por si mesmo mostrou o punhal escorrendo em sangue. Seja embora; passemos-te por esta necedade; quanto maior é a das tuas ações e sentenças! Já que és cônsul, resolve enfim como queres se qualifique a ação dos Brutos, de C. Cássio, de Cn. Domício, de C. Trebônio e dos mais. O que te digo é que cozas o vinho e o arrotes. Será porventura preciso que te cauterizemos para despertares do letargo em que estás nesta causa? Quando conhecerás em que hás de assentar; se os que obraram esta ação são réus de homicídio ou defensores da liberdade?

13. Considera um instante nisto com um pouco de atenção, como homem que está em seu juízo. Sendo eu amigo deles, como eu próprio confesso, e seu cúmplice, como tu me acusas, sou o mesmo que digo não haver nisto meio algum; que, se não são libertadores do povo romano e conservadores da República, são mais que assassinos, mais que homicidas, mais que patricidas, pois maior atrocidade é matar o pai da pátria que o próprio. Que dizes, sábio e prudente varão? Por que razão foi M. Bruto, segundo a tua proposta, desobrigado das leis, se estivesse ausente mais de dez dias? Por que razão se celebraram os jogos de Apolo com tão incrível honra por M. Bruto? Por que razão se deram províncias a Bruto e Cássio? Por que se lhes agregaram questores? Por que se lhes aumentou o número dos tenentes? Sendo tu mesmo o que fizeste tudo isto. Não são pois homicidas; segue-se logo que são libertadores, porque nisto não há meio. Que é isso? Perturbas-te com este meu dizer? Talvez não entenderás o que com tanta clareza tenho dito. Em suma, o que venho a dizer, por conclusão, é que se os julgaste dignos de tão grandes prêmios, tu mesmo os justificaste. Torno pois a urdir a minha oração. Eu lhes escreverei para que se alguém lhes perguntar se é verdade o que tu me opões, a ninguém o neguem porque temo lhes seja pouco honroso não me manifestarem, e a mim afrontosíssimo, sendo por eles convidado, não querer entrar na sua conspiração. Que ação jamais se obrou nesta cidade e no universo, nem maior, nem mais gloriosa, nem mais digna da memória eterna dos homens? Metes-me na sociedade deste

conselho, como dentro no cavalo de Tróia? Consinto; e ainda te dou os agradecimentos, qualquer seja a tenção com que o faças; tão relevante é esta ação que, à vista do crédito que dela resulta, não faço caso dos ódios que procuras excitar contra mim. Que sorte mais feliz que a daqueles de quem te prezas haver desterrado e expelido? A que lugar tão deserto e inculto podem eles chegar que, em os vendo, os não recebam e tratem com alegria? Que homens haverá tão rústicos, que com a sua presença não se persuadam de haver recebido a maior felicidade da sua vida? Que posteridade haverá tão esquecida que escritos tão ingratos que não perpetuem sua glória com uma memória imortal? Mete-me pois neste número.

14. Mas receio que não proves este único ponto; se eu fosse daquele número, eu arrancaria não só o rei, mas a autoridade real; e se aquele estilo (como se diz) fosse o meu, crê-me que não me contentaria com uma só cena, mas acabaria a tragédia. E se é crime ter matado a César, peço-te, Antônio, que consideres o que será de ti, sendo bem notório que em Narbona assentaste com C. Trebônio nesta resolução, cuja conspiração foi a causa por que te vimos retirar de Trenóbio, quando César foi morto. Mas eu (vê quão pouco me mostro teu inimigo) louvo-te o chegares a ter alguma vez esse bom pensamento; agradeço-te não o teres descoberto; e te perdôo não o teres posto em obra; semelhante empresa requeria um homem que o fosse. Se alguém reconvir em juízo, e se valer do ditado de Cássio: "A quem foi de utilidade, etc." vê não fiques estacado. Ainda que aquele feito, como tu dizias, não foi de proveito a todos aqueles que não queriam servir a um só, o foi para ti principalmente, que não só não serves, mas reinas; que achaste no templo de Cibele com que te exonerar das mais avultadas dívidas; que com o favor dos mesmos registros estragaste somas imensas; que da casa de César transportaste imenso cabedal; para ti, cuja casa é oficina de escrituras e escritos falsos, e uma feira péssima de campos, cidades, isenções e tributos. Que sucesso poderia remediar à tua penúria e dívidas, senão a morte de César? Eu te livro deste temor; ninguém haverá nunca que tal creia; não é coisa que te caiba fazer tão bons ofícios à República; tem ela por fautores deste feito a homens dos mais esclarecidos. Eu só digo que folgaste, não argumento o que fizeste. Tenho respondido às maiores acusações; agora responderei às demais.

15. Lanças-me em rosto todo aquele tempo que estive nos arraiais de Pompeu. Se neste tempo tivessem prevalecido os meus conselhos e autoridade, estarias tu hoje pobre, e nós com liberdade, e a República não teria perdido tantos generais e exércitos. Confesso que, antevendo eu o que sucedeu, me vi possuído de tão grande tristeza quanta seria a dos melhores cidadãos, se previssem o mesmo. Magoava-me, Padres Conscritos, magoava-me de ver que uma República em outros tempos conservada com vossos e meus conselhos, brevemente havia de perecer. Nem era tão néscio e ignorante que me desanimasse por aferro a esta vida; pois o conservá-la me acabrunharia com aflições, e o perdê-la me livraria de toda a moléstia; o que queria era se conservassem vivos tantos varões insignes, luzes desta República, tantos consulares, tantos pretorianos, tantos senadores autorizadíssimos, e toda esta florente nobreza e mocidade, e exército de boníssimos cidadãos; os quais se ainda vivessem, posto que com iníquas condições de paz (porque toda a paz com nossos concidadãos me pareceria mais útil que a guerra civil), ainda hoje teríamos República. Se o meu ditame prevalecesse, e se não me opusessem aqueles cuja vida eu defendia, elevados com a esperança de vencer, não tornarias tu (para não dizer mais) a aparecer na presença do Senado, nem habitarias mais nesta cidade. Mas todas as minhas falas não tiveram outro efeito senão voltar Pompeu contra mim. Porventura houve quem ele amasse mais do que a mim? Tratou ou se aconselhou com alguém mais do que comigo? Era na verdade coisa notável que, discordando nós em ponto capital, continuássemos a ter relações de familiaridade; mas eu conhecia os seus sentimentos, e ele os meus sentimentos e os meus desejos. Eu queria que primeiro procurasse a conservação dos cidadãos, e depois, a do seu crédito; ele, pelo contrário, só atendia à sua reputação presente; pelo que, como ambos tínhamos intentos nada incompatíveis, por isso era mais tolerável a nossa discórdia. Bem sabem os que na retirada de Farsália para Pafos o seguiram, o que este consular, este homem divino julgou de mim; nunca jamais falou na minha pessoa senão com muita honra e expressões cheias de saudosa amizade confessando que eu tivera melhor vista, e ele melhores esperanças. E atreveste a insultar-me com o nome de um varão de quem confesso que fui amigo e tu perseguidor?

16. Mas não falemos mais nesta guerra que tão favorável te tem sido. Também não responderei às galantarias com que disseste me houvera na campanha; não faltavam naquele tempo penosos cuidados; mas os homens, ainda no meio dos contrastes, se são homens devem procurar algum recreio de ânimo; porém, como ele que umas vezes estranha a minha tristeza é o mesmo que outras condena a minha graciosidade, bastante prova dá que em ambas as coisas guardei moderação. Disseste que ninguém me fizera seu herdeiro. Prouvera a Deus que fora verdade essa tua acusação; seriam ainda vivos muitos meus amigos e parentes. Mas como te veio isso à cabeça? Já tinha eu recebido de herança mais de duzentos mil sestércios[3]. Nesta matéria és tu mais afortunado do que eu, porque a mim ninguém me fez herdeiro, senão quem era meu amigo, contrapesando a minha mágoa, aquele tal qual proveito; a ti te fez herdeiro L. Rúbrio Cassinas, a quem nunca viste; olha quanto te amou aquele que, sem saber se eras branco ou negro, te preferiu a seu sobrinho; e a Q. Fúrio, um dos mais honrados cavaleiros romanos, seu amicíssimo, a quem ele publicamente sempre instituíra seu herdeiro, nem menção fez ele no seu testamento. Desejara me dissesses, se te não enfada, que feições tinha L. Tursélio, que estatura, de que município e tribo era? Não sei de nada, dirás, senão dos prédios que tinha. Deserdou, pois, a seu irmão, para te fazer a ti seu herdeiro. Muitas outras somas notáveis, de pessoas que lhe eram estranhas, invadiu, esbulhados os herdeiros legítimos. Sumamente me admirei de que te atrevesses a falar em heranças, não tendo tu herdado de teu pai.

17. Para amontoares tudo isto, louco rematado, é que declamaste tantos dias em uma quinta emprestada? Posto que tu (como dizem teus mais familiares amigos) mais declamas para vaporar o vinho, que para apurar o engenho. Com efeito, por teu voto, e dos teus bebedores, buscaste para teu divertimento um mestre retórico, a quem deste licença de dizer contra ti o que quisesse; não há dúvida que é homem discreto, mas a matéria é fecunda para falar contra ti e teus amigos. Vê a diferença que vai de ti a teu avô; ele dizia regradamente o que fazia para a causa, tu dizes com precipitação o que não serve de nada para a tua. E que paga se daria ao retórico? Ouvi, Padres Conscritos, ouvi e reconhecei as chagas da República. Consignaste

---

[3] *Sestércios*: pequenas moedas de cobre dos antigos romanos. (N. do E.)

ao retórico Sexto Clódio doze mil jeiras de terra no campo Leontino, isentas de todo tributo, para com tão avultada paga aprenderes a não saber nada; também isto, petulantíssimo homem, hás de dizer que foi regulado pelas memórias de César? Mas em outro lugar falarei dos campos Leontinos e da Campânia, que roubou à República, e contaminou com os mais infames possuidores. Tendo pois suficientemente respondido a todas as tuas acusações, direi alguma coisa de nosso censor e corretor. Não vazarei tudo de uma vez, para, se for preciso, contender mais vezes, proceder sempre com novidades, cuja faculdade me concede a multidão de teus vícios e delitos.

18. Queres que te examinemos desde a infância? Neste pensamento estou, comecemos do princípio. Estás lembrado de quando, ainda vestido de pretexta, desbarataste teus bens? Essa culpa, dirás, foi de meu pai; concedo, porque essa defesa é cheia de piedade. Mas foi próprio do teu atrevimento assentar-te no teatro sobre os quatorze degraus, havendo lugar deputado para os estragados, pela Lei Róscia, ainda que houvessem perdido seus bens por infortúnios, e não por culpa própria. Assim que tomaste a toga viril, a trocaste em vestidos de mulher; e prostituindo-te publicamente para todos, tinhas certo salário desta maldade, e esse não pequeno; mas chegou logo Curião, que te retirou deste lucro menetrício, e, como se te restituísse o vestido feminil, ajustou contigo um matrimônio estável e regrado. Não houve jamais rapaz alugado para fim desonesto, que tanto estivesse em poder de seu amo como tu com Curião. Quantas vezes seu pai te lançou fora de casa? Quantas pôs guardas, para que lhe não entrasses das hortas para dentro? Contudo, quando com o favor da noite, instigado do apetite e obrigado da paga, descias pelo telhado, não se puderam tolerar mais tempo as tuas desordens naquela casa. Porventura não sabes que falo de coisas para mim mui notórias? Lembras-te de quando Curião pai, possuído de tristeza, jazia de cama, e o filho, prostrado a meus pés, com as lágrimas nos olhos se recomendava a mim, e me pedia tomasse à minha conta defender-te de seu pai, quando ele te requeresse a soma de sessenta mil sestércios por ser esta a soma em que ele, filho, te tinha abonado? Asseverando, possuído inteiramente da sua afeição para contigo, que não podia suportar a tua ausência, e se desterraria a si próprio? Neste tempo apazigüei os males de tão ilustre família, ou, por melhor dizer, os acabei; persuadi ao pai que pagasse as dívidas do filho; que despendesse seus bens em remir a um moço de grandes esperanças, dotado de brio e entendimento; que

usasse da sua autoridade paternal, impedindo-lhe toda a familiaridade e comércio contigo. Lembrando-te tu de tudo isto que então fiz, havias de ter o atrevimento de me ultrajar com impropérios, se não tivesses confiança nessas armas que estamos vendo?

19. Mas deixemos já as tuas torpezas e prostituições; coisas há que a honestidade não permite dizer. Tanta é a dissolução que não é possível que um inimigo honesto possa dizer o que com ela tens obrado. Vedes, Conscritos, o restante de sua vida, de que falei só de passagem, porque estou ansioso para chegar ao que obrou na guerra civil, e nas maiores infelicidades da República, e cada dia está obrando, que, posto sejam coisas que vós sabeis melhor do que eu, vos peço me deis atenção, como fazeis; pois em semelhantes matérias deve despertar os ânimos não só o conhecimento dos fatos, mas a lembrança deles; preciso será deixemos alguns intermédios, por não chegarmos mui tarde aos últimos. Sendo tribuno, foi amicíssimo de Clódio; este me fez lembrar de todos os benefícios que me fez; este o instrumento de todos os seus furores; em sua casa se tramaram suas empresas; belissimamente percebe ele o que eu venho nisto a dizer. Depois voltou para Alexandria contra os decretos do Senado e os oráculos; mas tinha por si a autoridade de Gabínio, com a qual passava por justíssimo tudo o que podia fazer. Para onde ou de que modo voltou ele? Primeiro deu consigo nos últimos confins da Gália do que viesse para casa. E que casa era a sua? Todos tinham então suas casas, tu a não tinhas em parte alguma; que digo, casa? Que lugar havia no mundo onde pudesses pôr pé, que fosse teu, senão Messina, onde residias como Sisapão com seus companheiros?

20. Vieste da Gália a requerer o cargo de questor. Resolve-te a dizer que primeiro buscaste a teu pai, do que viesses ter comigo; a este tempo tinha eu recebido cartas de César, em que me pedia aceitasse a tua satisfação, motivo por que nem sequer consenti me falasses sobre a mercê. Depois me cortejavas, e eu atendi o teu requerimento da questoria. Nesse tempo, intentaste com aprovação do povo romano matar no foro a P. Clódio; e tendo o intentado por teu moto próprio, contudo publicavas que se o mataras me não davas suficiente satisfação pelas ofensas que me tinha feito; motivo pelo qual me admira dizeres que Milão fizera o que fez por impulso meu; quando eu não te exortei a ti, que espontaneamente me atribuías este projeto; contudo, ainda que perseverasses nessa resolução, mais estimaria que ela se atribuísse à tua

glória, do que havê-la feito pelo meu crédito. Foste feito questor, e logo imediatamente, sem resolução do Senado, sem se lançarem sortes, nem seres autorizado por alguma lei, corrreste a buscar a César, julgando não terem no mundo outro refúgio a tua penúria e as tuas dívidas, insultos e estragados costumes. Aqui, depois de te teres enchido com seus donativos e teus roubos (se se deve chamar encher, havendo logo de o estragar) voas, pobre, a pretender o tribunato, para nesta magistratura, se isso fosse possível, te pareceres contigo mesmo.

21. Ouvi agora, vos peço, Conscritos, não as dissoluções e desonestidades com que infamou a sua pessoa e casa, mas os ímpios e atrozes projetos contra nós, contra nossos bens e, enfim, contra toda a República; e achareis que estes crimes foram a fonte donde manaram todos os nossos males. Quando vós no primeiro de janeiro, sendo cônsules L. Lêntulo e C. Marcelo, quisestes ter mão na República, que bambaleava e quase caía, e atender à conservação de César, querendo ouvir as razões, se opôs Antônio a vossos intentos, como tribuno que estava corrompido e assalariado, submetendo o pescoço àquele cutelo, que a muitos tirou a vida por menores crimes. Contra ti, M. Antônio, decretou o Senado, quando ainda estava inteiro, antes de serem mortos tantos seus luminares, o que pelo costume de nossos maiores se costuma decretar contra um inimigo togado; e tens cara de falar contra mim diante dos senadores romanos, tendo-me estes dado o nome de conservador da República e a ti de inimigo? Algum tempo se tem passado sem falar neste teu delito, mas nunca se extinguirá lembrança dele; enquanto houver homens e existir o nome romano (que será eterno, se não o embaraçares), se falará naquele teu pernicioso embargo. Que sem razão a imprudência obrava o Senado, quando tu, um rapaz, embaraçaste, não uma, mas muitas vezes, o que toda a Ordem Senatória estabelecia pelo bem da República, sem sofreres se disputasse contigo sobre a autoridade do Senado? Que outra coisa se procurava, senão que não destruísses e extinguisses de todo a República? Quando nem os rogos das pessoas principais da corte, nem as admoestações dos velhos, nem as resoluções de um numeroso Senado te puderam fazer desistir do juízo que vendeste, e entregaste antes de o proferir? Então, depois de se intentarem muitas coisas, foi preciso dar-te aquele golpe, que poucos levaram antes de ti, e de que nenhum se salvou. Então foi quando esta Ordem deu armas contra ti aos cônsules e mais governos e magistrados, de que não escaparias senão reparando na proteção de César.

22. Tu, tu, digo, Antônio, foste o que deste a César causa de fazer a guerra à pátria, desejando ele desordenar tudo. Que outra coisa dizia ele? Ou que causa alegava do seu pouquíssimo projeto e empresa, senão que foram desprezados os teus embargos, abolido o direito do tribuno e Antônio removido pelo Senado? Não direi quão falsas e mal fundadas são estas coisas, principalmente não havendo causa alguma justa de tomar armas contra a pátria. Mas deixemos a César; não podes deixar de confessar que tu foste a causa desta perniciosíssima guerra. Que desgraçado és se entendes, e mais desgraçado se não entendes; que este caso se há de escrever e conservar em memória, e dele se não esquecerão jamais todos os séculos futuros; que os cônsules foram expelidos da Itália, e com eles Cn. Pompeu, glória e esplendor do povo romano? Todos os consulares que tinham saúde para tomar aquela fugida e derrota, todos os pretores e pretorianos, os tribunos do povo, grande parte do Senado, toda a flor da mocidade, em uma palavra, toda a República foi expulsa e exterminada de sua habitação. Assim como nas sementes está o princípio das árvores e plantas, assim tu foste a semente desta lutuosíssima guerra. Sentis o destroço de três exércitos romanos? Antônio os derrotou. Faltam-vos os cidadãos mais esclarecidos? Antônio vo-los tirou. Vedes abatida a autoridade desta Ordem? Antônio a abateu. Enfim tudo o que vimos depois (e que males não vimos?) se bem o considerardes, o atribuireis unicamente a Antônio: assim como Helena foi para os troianos, assim este foi a causa da guerra e da destruição e ruína desta República.

23. As demais partes do seu tribunato foram semelhantes ao princípio. Tudo aquilo que o Senado, estando ainda em pé, tinha procurado se não fizesse, o pôs ele em obra. Vedes até que ponto, neste mesmo crime, ele se mostrou criminoso. Restituiu a pátria a muitos infelizes, não fazendo menção entre eles de seu tio paterno; se nisto quis mostrar severidade, por que a não praticou com todos? Se clemência, por que não a usou com os seus? Mas deixarei o mais em silêncio. Restabeleceu a L. Licínio Dentícula, condenado por causa do jogo, com quem ele jogava, como se não fosse ilícito jogar com um homem condenado; isto fez para se desempenhar do que perdera no jogo por benefício da lei. Que razões alegaste ao povo romano para provares que convinha restabelecê-lo? Creio que foi porque, estando ausente, o meteram na lista dos condenados; porque se julgou a sua causa sem ser ele ouvido; porque não havia juízo concernente a esta lei de jogos de sorte; porque fora oprimido com forças e armas; enfim,

porque, como se dizia de teu tio, foram os juízes corrompidos com dinheiro; nada disto foi. Mas era homem de bem, dizes, e digno da República; isto não faz nada ao caso; eu porém, já que não se deve fazer caso de estar ele condenado, lhe perdoaria, se fosse verdade o que dizes. Mas quem restabelece de todo a um homem perversíssimo, que não duvidava jogar jogo de sorte no meio do foro, e condenado pela lei concernente a este jogo, não mostra clarissimamente a sua demasiada paixão? Durante o mesmo tribunado, quando César, partindo para a Espanha, lhe entregou a Itália para a assolar, que marchas foram as suas? Como discorreu pelos municípios? Bem sei que estou metido em coisas que são notórias e andam pela boca de todos; e que falo e falarei do que melhor sabem todos os que estiveram em Itália, do que eu, que então estava ausente dela; especificarei contudo circunstâncias particulares, ainda que nesta oração não possa dizer tanto, como vós sabeis; porque onde se ouviram nunca no mundo tantos delitos, torpezas e desaforos?

24. Era um tribuno, do povo levado em uma caleça[4], precedida de litores laureados, entre os quais se via levada em uma liteira descoberta uma comediante; eram obrigadas as pessoas principais dos lugares e cidades municipais a vi-la saudar não com aquele seu celebrado nome no teatro, mas com o de Volúmnia; seguiam-se em uma carroça seus aduladores e depravados companheiros; a desprezada mãe, como se fosse nora, ia após a amiga do desonesto filho. Que calamitosa fecundidade a desta infeliz mulher! Por todos os municípios, prefeituras, colônias, e por toda a Itália deixou rasto da sua dissolução. Há dificuldade e perigo, Padres Conscritos, só em mencionar o mais que obrou. Andou na guerra; fartou-se do sangue de cidadãos que tão pouco se pareciam com ele; foi nela feliz, se com delitos pode estar alguma felicidade. Aqui quero eu ter atenção com os veteranos, ainda que a condição dos soldados é diversa da tua, pois eles seguiram a um general e tu buscaste-o; mas para que não me malquiste com eles, nada direi da qualidade desta guerra. Voltaste com as legiões vencedoras de Tessália para Brindes; aqui foi onde me não mataste; grande mercê pois confesso que o podias

---

[4] *Caleça*: carruagem de quatro rodas e dois assentos; é puxada por cavalos. (N. do E.)

fazer, ainda não houvesse entre os que te assistiam quem não julgasse me devias perdoar. Tanto pode o amor da pátria que as tuas mesmas legiões, lembradas de que eu as tinha conservado, me respeitaram como a coisa sagrada; mas suponhamos que me deste o que me não tiraste, e que recebi de ti a vida, porque me não privaste dela; porventura permitiram-me, depois, os ultrajes que me fizeste, atender a esta mercê como dantes? Principalmente prevendo te exporias a ouvir o que acabo de dizer?

25. Vieste para Brindes; por certo que para o regaço e os abraços da tua comediantinha. Não digo talvez a verdade? Que desgraça maior do que não poder negar o que é afrontosíssimo confessar-se? Se não tiveste pejo dos municípios, aos menos por que te não envergonhaste de um exército veterano que soldado houve que a não visse em Brindes? Quem deixou de saber que te acompanhara tantos dias de jornada por te cortejar? Quem não teve pesar de conhecer tão tarde quão perverso era o homem a quem tinha servido? Segunda vez tornou a discorrer pela Itália, acompanhado da mesma comediante; foram, cruéis e infelizes as marchas dos soldados de uma terra para a outra; em Roma foi enorme o roubo de ouro e prata, e particularmente de vinho. Acresceu a isto o constituir-se general de cavalaria com o favor dos amigos, sem César o saber, que então estava em Alexandria; assentou então que tinha direito de passar a vida com Hípia, e dar gratuitamente a Sérgio os cavalos de aluguel; então escolheu para habitação a casa de M. Pisão, em lugar dessa em que hoje se conserva iniquamente. Que direi das suas ordenações? Das suas rapinas? Das posses de heranças que deu e tirou? A necessidade o constrangia, não tinha para onde se virar; ainda lhe não tinham vindo as avultadas heranças de L. Rúbrio e L. Tursélio; ainda se não tinha feito improvisamente herdeiro de Pompeu, e de outros muitos que estavam ausentes; convinha-lhe então viver ao modo dos ladrões, não tendo mais que o que podia furtar. Mas deixemos já de falar destas maldades mais enormes, tratemos antes de sua péssima leviandade. Com essa goela, com esse ventre, com esse grosseiro corpo de gladiador, tanto vinho bebeste nas bodas de Hípia que foi preciso vomitar no dia seguinte na presença do povo romano. Que indigna fealdade não de se ver, mas ouvir. Se isto te sucedesse ao cear entre aqueles teus desmarcados corpos, quem não o teria por coisa feia? Mas neste lugar, em um congresso do povo romano, tratando negócios públicos, um general de cavalaria, a quem seria indecente o arrotar, este vomitou,

de sorte que se encheu a si próprio; e a todo o Tribunal, de pedaços do que comera, trescalando a vinho. Mas esta confessa ele mesmo ser uma das suas máculas; venhamos a coisas mais ilustres.

26. Retirou-se César de Alexandria com felicidade, no seu entender; que no mundo não pode ser feliz quem é infeliz para a República. Feito leilão junto ao templo de Júpiter Stator (infeliz de mim, que exausto de lágrimas tenho contudo a dor cravada no coração), foram, digo, os bens de Pompeu Magno sujeitados à voz de um pregoeiro; esta foi a vez única em que Roma, esquecida da sua escravidão, rompeu em gemidos; com estar tudo possuído de temor, e os ânimos cativos, contudo, tinha o povo romano a liberdade de gemer. Estando todos atentos a quem seria tão ímpio e demente, tão inimigo de Deus e dos homens, que se atrevesse a chegar àquela iníqua publicação, ninguém houve, senão unicamente Antônio; posto que à roda daquele sítio houvesse tantos com atrevimento para tudo, só um se achou que se atrevesse a uma ação, de que fugiam todos os atrevidos e temerários. Tão grande estupidez se apoderou de ti ou, para falar mais verdade, tanto furor que, sendo um acusador nascido nesta terra, e acusador de Pompeu, não percebes te fazes odioso e detestável ao povo romano, e desafias contra ti a ira de todos os deuses e homens? E com que insolência se não empossou logo este comilão dos bens daquele homem, cujo valor fazia o povo romano tão venerado, e sua justiça tão amado das nações estranhas.

27. Depois que assim arrebatadamente se encheu dos bens de Pompeu, não cabia em si de prazer, fazendo na verdade papel de comediante, agora pobre e logo rico; porém, como diz não sei que poeta, "o mal adquirido é mal consumado". É coisa incrível como tantas riquezas se desbarataram, não digo em tão poucos meses, mas dias; uma imensa quantidade do ouro, crescido número de peças de prata excelente, muita vestiaria preciosa, e móveis ricos e magníficos em muitos lugares, tudo coisas próprias de um homem não licencioso, mas abastado. Em poucos dias não havia nada disto. Que Caríbdis foi tão voraz? Mas que digo, Caríbdis? O Oceano por certo me parece que não poderia engolir com tanta pressa tantos cabedais, tão dispersos e colocados em tão diferentes lugares. Nada havia debaixo da chave, nem selado, nem por escrito; armazéns inteiros eram entregues a homens perversíssimos; umas coisas tomavam os comediantes; via-se a casa cheia de jogadores e beberrões; passavam os dias inteiros a

beber, e isto em vários quartos. Sucedia-lhe muitas vezes perder no jogo (porque nem sempre era afortunado); veríeis os leitos dos servos cobertos com cortinas dos matizes de Pompeu. Não vos admire pois que tudo isto se consumisse em tão breve tempo porque semelhante maldade poderia devorar não só o patrimônio de um homem, ainda que tão abastado como este, mas cidades e reinos inteiros. O mesmo sucedeu às casas e quintais. Que enorme atrevimento! Tiveste o arrojo de entrar naquela casa, e mostrar essa carantonha àqueles deuses penates. Naquela casa para onde algum dia ninguém se resolvia a levantar os olhos, ninguém passar por ela sem chorar, não te envergonhas de morar tanto tempo? Naquela casa onde não podes achar coisa que te agrade por seres um néscio.

28. Cuidas porventura que entras em tua casa quando dás com os olhos naqueles portais, e naqueles esporões e despojos? Isso não pode ser, porque ainda com seres tão ignorante e mentecapto como és, contudo bem te conheces a ti, às tuas coisas e aos teus. Também me parece que nem dormindo nem acordado podes ter sossego; porque, ainda que sejas, como és um beberrão e estouvado, quando se te puser na imaginação a idéia daquele raro varão, necessariamente despertarás atemorizado, se estiveres dormindo, e se acordado te perturbarás muitas vezes. Por certo me metem compaixão aquelas paredes e casas; que tinha visto nunca aquela casa, senão modesto, virtuoso, e bem regrado? Foi aquele homem, como bem sabeis, Padres Conscritos, tão digno de admiração fora de sua casa, como dentro dela; nem menos digno de louvores nos ditames domésticos que nas ações públicas. Hoje estamos vendo os gabinetes daquelas casas convertidos em estábulos, e os leitos em tabernas. Porém já nega este fato; deixai, deixai indagações, está feito homem de bem; mandou àquela sua comediante que tomasse o que lhe pertencia, seguindo a lei das Doze Tábuas; tirou-lhe as chaves e a pôs fora de casa. Pode haver cidadão mais respeitável e estimável que aquele, que em toda a sua vida não obrou ação mais honrosa que fazer divórcio com uma comediante? Mas para que nomeia ela a cada passo o cônsul Marco Antônio? Que vale o mesmo que dizer cônsul licenciosíssimo, cônsul depravadíssimo; pois que outra coisa é Antônio? Se a dignidade se incluísse no nome, creio que algum dia diria teu avô o cônsul Antônio; mas nunca o fez assim; também o diria assim o meu colega teu tio; salvo se tu só és Antônio. Omitirei porém aquelas culpas, que não foram meios particulares de que te valesses para vexar a República;

torno ao que te é pessoal, isto é, à guerra civil que por tua diligência nasceu, se dispôs e acometeu.

29. Por que causa te vieste daquela campanha? Foi cobardia ou desenvoltura? Bebeste, ou, para melhor dizer, te fartaste de sangue de cidadãos, tiraste a vida a L. Domício, um varão tão eminente e ilustre; perseguiste e mataste cruelissimamente a muitos que escaparam da batalha, a quem César perdoaria, como fez a alguns. Depois de tantas ações desta qualidade, que causa tiveste para não seguir a César, principalmente restando ainda grande parte da guerra? E que posto alcançaste do mesmo César, depois que ele voltou da África? Que graduação obtiveste? Sendo general aquele de quem foste questor, e general de cavalaria de um ditador, seu promotor na guerra, conselheiro de suas crueldades, sócio dos seus roubos, e, como dizias, seu filho em seu testamento, foste contudo citado em juízo para dares conta do dinheiro que devias pelas casas, quintas e confiscações. Ao princípio respondeste com enfado, na verdade; e para que não pareça que em tudo estou contra ti, quase que falavas com razão e justiça. Pede-me César (dizias) a mim conta do dinheiro? Por que lhe não pedirei eu antes a ele? Porventura venceu ele sem mim? É certo que tal não podia; eu lhe dei pretextos para a guerra civil, eu propus leis perniciosas, eu tomei armas contra os cônsules e generais romanos, contra o Senado e povo romano, contra os deuses pátrios, contra os altares e fogos, e contra a pátria. Venceu ele porventura para si só? Sendo a ação comum, por que o não será também a presa? Requerias com justiça, mas de que te serviu isso? Ele podia mais. Desprezou ele enfim as tuas representações, enviando soldados, a ti e a teus fiadores. Quando de repente apresentaste aquele inventário, quanto se não riu a gente de ti, vendo que de um tão rico espólio, que constava de tamanhas e tão numerosas herdades, de todas elas não havia mais que uma parte do campo de Miseno que o inventariante pudesse chamar sua? E que compaixão não metia pôr os olhos naquele leilão? Uns poucos vestidos de Pompeu, e esses com nódoas; alguns vasos seus de prata quebrados, e alguns escravos esfarrapados; de sorte que sentíamos que havia ainda alguma coisa daquela herança que nós podíamos ver. Embargaram contudo os herdeiros de L. Rúbrio esta venda por um decreto de César. Ficou estacado o malandro, sem ter para onde se voltar; porque neste mesmo tempo se dizia que, em casa de César, fora apanhado com uma faca um assassino mandado por Antônio; do que César se queixou publicamente no Senado.

30. Partiu César para a Espanha, concedendo-te alguns poucos dias para pagares, em atenção da tua pobreza; nem sequer então o seguiste; tão bom gladiador és que tão depressa recebeste a vara? E há quem tema a quem temeu o seu partido, isto é, a perda dos seus bens? Partiu enfim para a Espanha, mas, como ele próprio diz, não pôde lá chegar com segurança. Como chegou pois Dolabela? Ou não devias tomar esse partido, Antônio, ou, depois de o abraçares, sustentá-lo até o fim. Três batalhas deu César aos cidadãos na Tessália, na África e na Espanha; em todas elas foi presente Dolabela, e na Espanha foi também ferido. Se me perguntares o que entendo nisto, digo que não quereria que ali se achasse; mas, ainda que a sua resolução ao princípio fosse digna de censura, a sua constância nela foi digna de louvor. Porém, tu, que casta de homem és? Os filhos de Pompeu requeriam primeiramente que os restituíssem à pátria; está feito; este interesse é comum a ambos os partidos; requeriam também, em segundo lugar, os seus deuses pátrios; os seus altares e fogos, e o seu lar doméstico, que tu tinhas invadido. Posto que requeriam com armas o que lhes competia pelas leis (ainda que, que justiça se pode achar entre os maiores sem-razões?), contudo, era coisa mui justa que contra os filhos de Cn. Pompeu pelejasse o confiscador de Cn. Pompeu. Porventura não eras tu para quem pelejava Dolabela na Espanha, quando em Narbona vomitavas nas mesas de teus hóspedes? E que tornada foi a tua de Narbona? Ainda assim perguntou por que voltara eu tão brevemente da minha jornada. Pouco há, Padres Conscritos, que vos expus a causa da minha volta. Quis, antes de primeiro de janeiro, se pudesse acudir à República. Mas, quanto ao que me perguntara, de que modo voltara? Digo, primeiramente, que voltei de dia, e não às escuras; em segundo lugar que com sapatos e toga, e não com calçado e capa gauleses. Vejo que olhas para mim, segundo me parece, agastado; nem tu te congraçarás jamais comigo se souberes quanto pejo me causam as maldades de que tu mesmo te não envergonhas. Entre todas as desventuras que por homens se podem cometer, nenhuma vi nem ouvi mais torpe que esta; reputando-te tu por general de cavalaria, e pedindo o consulado, ou antes solicitando-o para o ano próximo, foste o mesmo que andaste de calçado e capa gauleses pelos municípios e colônias de Gália, donde nós costumávamos pedir o consulado, quando este se pedia e não se solicitava.

31. Vede a sua leveza. Chegando às quatro horas da tarde às Pedras Vermelhas, escondeu-se em certa taverninha, onde bebeu largamente até anoitecer; partindo daqui em uma sege, chegou à casa com muita pressa. — Quem é? — lhe perguntou o porteiro. — Sou um correio de Antônio — respondeu ele. É logo introduzido à presença daquela, por cujo motivo viera, e lhe entrega uma carta; entrou ela a lê-la com as lágrimas nos olhos (porque era amatória e dizia em substância que já não queria nada com aquela comediante, e que todo o seu afeto apartara dela e o tinha empregado em outra). Desfazendo-se a mulher em pranto, não se pôde mais suster o compassivo homem; descobre a cabeça e entra a abraçá-la. Que perverso homem, e que outra coisa direi? Pois nada se pode dizer com mais propriedade. Para apareceres de repente enfeitado, e te mostrares a uma mulher, para isto é que puseste a cidade em confusão de noite, e perturbaste a Itália muitos dias com temor? Se em tua casa tiveste objetos de amor, fora dela os tiveste ainda mais infames, para que L. Planco não vendesse os teus fiadores. Sendo trazido ao congresso do povo pelo tribuno, para dares conta da tua chegada, e respondendo que vieras por causa de teus negócios, que coisa não disse o povo de ti? Mas basta já de bagatelas, falemos de coisas de maior monta.

32. Quando César voltou da Espanha, o foste esperar mui longe; foste e vieste para que conhecesse que eras homem, se não de muito valor, contudo de grande pontualidade. Tornaste não sei como a fazer-te seu amigo; esta era uma das prendas de César: quando via algum homem acabrunhado de dívidas, e reduzido à miséria, se era homem mau e insolente, com toda a boa vontade o recebia no número de seus amigos. Honrado com tão ilustres ações, ordenou que te declarassem cônsul juntamente com ele; não me queixo por Dolabela que então foi induzido, enganado e iludido. Quem há que ignore quanta foi a perfídia de ambos vós para com Dolabela? César induziu-o a que pedisse este cargo, e, depois de prometido, embaraçou que o recebesse e o transferiu a si; a cuja perfídia assentiste com toda a boa vontade. Chega o primeiro de janeiro, somos convocados ao Senado; envia-se Dolabela contra este, com uma oração mais copiosa e ornada que esta minha. Bons deuses, que não disse ele nesta ocasião aceso em cólera! Tinha César já declarado que, antes de partir, mandaria que Dolabela fosse feito cônsul; deste modo obrava e falava sempre aquele de quem dizem que não era rei. Mas tendo-se César explicado assim, disse este bom agoureiro que, por estar ele

revestido deste sacerdócio, tinha poder de dispor dos agouros, para impedir ou interromper os comícios, asseverando que assim o havia de fazer. Reparai na incrível estolidez deste homem. E se não fosses agoureiro mas somente cônsul, havias ter menos poder de obrar isso que dizias poder executar, pelo direito do teu sacerdócio? Olha se o farias ainda mais facilmente, porque a nós só nos compete anunciar os presságios, e aos cônsules e mais magistrados também o observá-los; mas passemos-te por esta ignorância, pois se não deve esperar discrição de um homem que nunca anda em seu juízo. Vede porém o seu desaforo. Muitos meses antes tinha dito no Senado que ou embargaria os comícios com os agouros, ou faria o que fez. Quem é que pode prever os defeitos que haverá nos agouros, se não se determinar a observá-los pelos sinais do céu? O que as leis não permitem durante os comícios; e se alguém os observou, não havendo comícios, os deve anunciar tais quais eles são. Mas esta implicatória ignorância é insolência porque nem é saber o que compete a um agoureiro, nem obrar como homem de vergonha. Trazei à memória o seu consulado, desde aquele dia até os Idos de Março; houve nunca sujeito tão vil e desprezível? Nenhum poder tinha, tudo pedia: metendo a cabeça pela liteira de seu colega, lhe requeria as mercês que depois vendia.

33. Chega-se ao dia dos comícios para a eleição de Dolabela; tira-se por sorte a tribo que devia votar primeiro; descansa ele, faz-se a relação, não diz palavra. É nomeada a primeira classe, nomeia-se Dolabela, e, tomados os votos conforme o costume, chama-se então a segunda classe; tudo isto se faz em menos tempo do que eu o disse. Concluído o negócio, disse este sábio agoureiro (parecer-vos-ia outro Lélio): "Em outro dia." Há tal desaforo? Que viste? Que pressentiste ou ouviste? Nem então disseste teres observado algum prodígio do céu, nem hoje o dizes; o obstáculo que houve foi o que tu previste haveria no primeiro de janeiro, que tanto antes tinha prognosticado. Mas tenho por certo que os presságios que fingiste, mais hão de ser de ruína para ti que para a República; prendeste o povo romano com escrúpulos, e, sendo agoureiro e cônsul, anunciaste maus presságios a teu colega, também agoureiro e cônsul. Não quero dizer mais, por não parecer que anulo as Atas de Dolabela, as quais forçosamente serão algum dia devolvidas ao nosso Colégio. Mas adverti, Padres Conscritos, a arrogância e insolência do homem; quando quiseres, será defeituosa a eleição de Dolabela, e, quando quiseres, será eleito por agouros legitimamente observados. Se não há coisa alguma,

quando um agoureiro faz a sua relação nos mesmos termos em que fazes a tua, confessa que quando disseste "em outro dia" não estavas em teu juízo; e se estas palavras têm alguma virtude, te peço ma dês a conhecer; o que te rogo como agoureiro a outro seu colega. Mas para que não suceda que, entre tantas ações de M. Antônio, escape a esta oração a mais gloriosa delas, venhamos às festas Lupercais.

34. Não dissimula, bem se vê, Padres Conscritos, que se altera, sua e se faz pálido; faça o que quiser, contanto que não entre em náusea e lhe suceda o mesmo que no porto de Minúcio. Que desculpa pode ter tamanha torpeza? Desejara ouvi-la, para ver em que se funda tão grande paga, como a que deu ao retórico no campo Leontino. Estando teu colega sentado na Rostra, vestido de uma toga encarnada, em uma cadeira de ouro (ainda que Luperco, também te devias lembrar que eras cônsul), mostraste um diadema; houve gemidos em toda a praça. Donde te veio esse diadema? Não o tomaste de algum lugar, onde se tivesse achado por acaso, mas o trouxeste de casa, para ser o crime feito de propósito e caso pensado. Tu lhe punhas o diadema com pranto do povo, ele o rejeitava com aplauso do mesmo povo. Mofino, ninguém senão tu houve que, sendo autor do despotismo real, quisesse ter por senhor aquele que era teu colega, e experimentar quanto poderia suportar a paciência do povo romano. Também lhe pediste misericórdia, e te lançaste humildemente aos seus pés; que lhe pedias? Seres um escravo? Pedira-lo muito embora para ti só, que desde a infância viveste acostumado a sofrer tudo o que te poderia facilitar o servir; mas de nós, nem do povo romano, não tinhas essa comissão. Que nobre eloqüência foi aquela tua quando declamaste nu! Há maior torpeza! Maior infâmia! Nem ação mais digna de todo o suplício! Porventura esperas que eu te estimule ainda mais? Se tivesses um pouco de juízo, esta oração bastaria para te jarretar e fazer correr o sangue. Temo diminuir a glória daqueles grandes homens, mas a dor me obriga a falar. Que coisa mais indigna que viver aquele que pôs um diadema, quando todos confessam que justamente fora morto quem o rejeitou. Durante as festas Lupercais, mandou se inserisse nos fastos esta inscrição: "M. Antônio, cônsul, ofereceu por ordem do povo, a dignidade real a César, e este a não quis aceitar". Já me não admiro dos teus motins, nem de teres ódio a esta cidade, e à mesma luz, nem de viveres de dia e de noite com os mais desaforados ladrões; onde podes tu ter descanso? Que refúgio te podem conceder as leis e ordenações se, quanto foi da tua parte, as

aboliste com a autoridade real? Porventura foi expelido L. Tarquínio, e mortos Sp. Cássio, Mélio, e M. Mânlio, para depois de muitos séculos estabelecer M. Antônio um rei em Roma contra o direito?

35. Mas tornemos aos agouros. Pergunto: que obraste nos negócios que César devia tratar nos Idos de Março? Pois ouvi dizer que vinhas aparelhado, por imaginares que eu devia falar dos fingidos agouros, a que não obstante era preciso obedecer. Atalhou a fortuna do povo romano as resoluções daquele dia; e porventura extinguiu a morte de César o teu juízo sobre os prognósticos? Mas venho a dar em tempo e matérias que, se nelas me meter, nunca acabarei de falar. Que fugida foi aquela tua? Que medo tiveste naquele célebre dia? Que desesperação de ficares com vida, acusado de teus próprios delitos, quando escondidamente te recolheste em casa, com o favor daqueles que te quiseram socorrer, no caso de não estares pervertido? Que verdadeiros foram sempre os meus prognósticos de que havia de suceder? Dizia eu no Capitólio I àqueles nossos libertadores, quando queriam que eu te buscasse e exortasse a defender a República, que, enquanto estivesses com medo, havias de prometer tudo e, deixando de temer, te parecerias contigo mesmo. Esta a causa por que, quando os mais consulares andavam para cá e para lá, persisti eu no meu parecer; não te vi naquele dia, nem no seguinte, nem me pareceu se podia fazer algum firme concerto com um atrocíssimo inimigo. Três dias depois fui ao Templo da Terra, bem contra minha vontade, estando todas as estradas rodeadas de gente armada.

36. Que grande dia foi este para ti, M. Antônio; ainda que de repente te inimizaste comigo, ainda assim me compadeço de ti, porque te invejaste a ti mesmo. Deuses imortais! Que homem serias se te conservasses na tenção daquele dia; teríamos a paz que se fez, dando-se por penhor dela um menino, nobre filho de M. Antônio e sobrinho de M. Bambaleão; mas fazia-te bom o terror, que não costuma ensinar bem por muito tempo; e mau te tornou a insolência que sempre te acompanha toda a vez que cessa o temor. Ainda então, quando eras reputado por boníssimo cidadão, não concordando eu nisso, presidiste ao funeral daquele péssimo tirano, se aquilo se pode chamar funeral; elegante foi o teu elogio, a tua lamentação e a tua exortação. Tu, tu foste, digo, o que acendeste as chamas, com que ele foi meio queimado, e as que abrasaram a casa de L. Belieno. Tu, a causa de invadirem nossas casas aqueles homens perdidos, pela

maior parte escravos, que nós rechaçamos à força de braço. Contudo, como se dissipasses o fumo destes incêndios, estabeleceste no Senado nobres ordenações, quais foram que depois dos Idos de Março se não fixassem publicamente escrituras algumas de imunidades ou de outras mercês concedidas. Também te lembraste dos desterrados; não ignoras o que disseste das isenções. O melhor de tudo foi arrancar da República o nome de ditador, em cuja ação mostraste ter concebido tanto aborrecimento à autoridade real, que tiraste todo o temor que havia dela, por causa do próximo ditador. Parecia a outros estar restabelecida a República, mas não a mim, que sempre temi todo o naufrágio durante o teu governo. E porventura enganou-me? Ou pôde ele mais tempo não se parecer consigo? À vista de vossos olhos se enchia o Capitólio de editais; vendiam-se isenções não só a pessoas particulares, mas a povos inteiros; o foro de cidadãos já não se concedia a este ou àquele particular, mas a todas as províncias; e não somente as vossas rendas, mas a autoridade do povo romano ficara diminuída com semelhantes contratos particulares.

37. Onde estão setecentos contos de sestércios de que fazem menção os registros existentes no Templo da Terra? Funestos dinheiros eram estes de verdade; mas se não se entregassem a quem não competiam, nos poderiam agora livrar de tributos. E como deixaste tu de dever, antes das Calendas de Abril quarenta contos de sestércios que devíeis antes dos Idos de Março? Para que falar eu em inumeráveis bilhetes e escritos; não têm conto as coisas que comprovam várias pessoas, sabendo-o tu; no decreto, porém, acerca de Dejótaro, amicíssimo do povo romano, que se fixou no Capitólio, ninguém houve que pudesse conter o riso, sem embargo da mágoa de que estavam possuídos. Quem mais inimigo de Dejótaro que César? Este o aborrecia tanto como ao Senado, como à Ordem Eqüestre, como aos de Marselha, e como a todos os que sabia amarem a República do povo romano. Este pois, que sendo César vivo, nem ausente nem presente pôde dele conseguir coisa favorável, entrou na sua graça depois de morto. Repreendeu-o César, sendo seu hóspede, multou-o, executou-o, estabeleceu um de seus sócios na tetrarquia do rei, tirou-lhe a Armênia, que o Senado lhe deu. Tudo isto lhe tirou César sendo vivo e lhe restituiu depois de morto. E de que expressões usaria Antônio? Ora dizia que lhe parecia justo, ora que não era iníquo. Notável implicância de termo. Mas César (sempre em ausência defendi a Dejótaro) nunca disse que lhe parecia justo requerimento algum

dos que nós lhe fazíamos em favor do rei. O escrito de dez contos de sestércios foi feito no quarto das mulheres pelos deputados, sujeitos de probidade, mas tímidos, e de pouca capacidade, sem o parecer do rei, nem o de Sexto, nem o de outros seus amigos. No dito lugar se venderam e vendem ainda muitas coisas; aconselho-te que cuides no pagamento deste escrito, porque o rei assim que soube da morte de César, de seu moto próprio, sem haver escritos alguns de César, se remeteu na posse de seus bens, sem o favor de ninguém. Bem sabia aquele homem cordato haver sempre direito de recuperar, depois da morte dos tiranos, aquilo que eles haviam usurpado em vida. Não há jurisconsulto, nem aquele que só o é para ti, e por cujo voto fazes tudo isso, que diga se deve alguma coisa, em virtude desta escritura, dos bens havidos depois dela feita; pois ele os não comprou a ti, mas antes que tu lhe vendesses o que era seu, se meteu ele de posse dele. Obrou como homem, e nós como uns ninguéns, pois defendemos os decretos cujo autor aborrecemos.

38. E que direi de infinitas memórias e inumeráveis escrituras, que muitos contrafazem e põem em pública venda, como editais de gladiadores? Os montes de dinheiro, que se juntam em tua casa, são já tantos que o dinheiro não se conta, pesa-se. Mas quão cega é a avareza! Pouco há se fixou edital, pelo qual se isentam de tributo as opulentíssimas cidades de Creta, e se determina que, depois do proconsulado de M. Bruto, Creta não seja província. Estás em teu juízo ou és doido? Há de Creta poder isentar-se por um decreto de César, depois de retirar-se M. Bruto, quando Bruto não teve nada em Creta, enquanto César foi vivo? Mas com este decreto (para que não entendais que nada se fez) perdeste a província de Creta. Enfim, ninguém compra coisa alguma que não te tenha por vendedor. E a lei que fixaste acerca dos desterrados, foi invento de César? Não é vontade minha perseguir a algum dos infelizes; o que só lamento primeiramente é infamar-se a tornada daqueles cuja causa julgou César de maneira diferente; em segundo lugar não sei por que não concedeu o mesmo aos outros, pois só restam três ou quatro que estão na mesma infelicidade; por que motivo não gozam de semelhante compaixão tua? Por que fazes com eles como com teu tio, de quem não ordenaste nada, ordenando-o dos mais? Tu o induziste à pretensão de censor e o meteste em um requerimento que motivou o riso e queixas de todos. Por que deixaste de fazer aqueles comícios? Foi porque o tribuno do povo anunciava que o raio caíra à parte esquerda? Quando se trata

da tua conveniência não há prognósticos, só és escrupuloso quando se toca nas dos teus parentes. E não desamparaste tu o mesmo tio? aqui está ele presente; que temeste? Entendo que temeste não o poder negar sem perder a vida. Carregaste de afrontas aqueles a quem devias honrar como a teu pai, se em ti houvesse alguma piedade; repudiaste a sua filha, e recebeste outra que primeiro examinaste; ainda isto não foi o mais; infamaste de adúltera a uma mulher honestíssima; pode haver mais do que isto? Ainda, te não deste por satisfeito; atreveste-te a dizer em presença de um numerosíssimo congresso do Senado, em que estava sentado teu tio, que a causa de estares contra Dolabela era por se ter ele oferecido a tua irmã, para cometer com ela adultério. Quem poderá distinguir qual destas coisas é a mais enorme, se o desaforo em falar assim no Senado, se a perversidade contra Dolabela, ou a desonestidade em presença de teu tio, e a tirania em falar tão sórdida e impiedosamente contra aquela infeliz?

39. Mas voltemos aos escritos. Que informação fizeste tu? As ordenações de César confirmou-as o Senado pelo bem da paz; a saber aquelas que César fez, não aquelas que Antônio diz que César fizera. Donde brotam agora estas? Quem é o seu autor? Se são falsas, por que motivo se aprovam? Se verdadeiras por que se vendem? Mas tinha-se assentado que, depois das calendas de junho, reconhecesses em conselho as Atas de César; que conselho houve? A quem jamais convocaste? Que calendas de junho esperaste? Porventura aquelas em que, tendo decorrido pelas colônias dos soldados veteranos, voltaste escoltado de gente armada? Que ilustre visita a que fizeste nos meses de abril e maio, quando te empenhaste por conduzir uma colônia a Cápua? Bem sei como dali saíste ou quase não saíste, nem ignoro que ameaças aquela cidade. Praza a Deus que intentes coisas com que se dê cabo deste "quase". E que célebre foi aquela tua peregrinação! Para que publicarei os teus aparatosos banquetes e as tuas desenvoltas beberronias? O prejuízo destes excessos a ti te pertence, o dos outros a nós. Tivemos por uma grande perda da República que os campos de Campânia se isentassem de tributos, para se darem aos soldados, e estes mesmos campos são os que repartiste pelos que contigo banqueteiam e jogam; quero dizer, Padres Conscritos, que estabeleceu na Campânia os comediantes, homens e mulheres. Para que é lamentar já o campo Leontino? Estes territórios da Campânia e do Leontino, em outro tempo patrimônio do povo romano, lhe rendiam muito, por

causa da sua fertilidade. Deste ao médico três mil jugadas, como se te houvesse dado saúde; e ao mestre retórico, como se te pudesse fazer eloqüente, duas mil. Porém tornemos à jornada da Itália.

40. Levaste uma colônia a Castelnúcio, onde César tinha já introduzido outra. Na verdade me consultaste sobre os negócios de Cápua, mas eu te daria a mesma resposta nos de Castelnúcio. Podias com justiça levar uma colônia onde já a havia? Disse-te que se não podia introduzir nova colônia em um território onde já se tinha felizmente conduzido outra, e acrescentei que se podiam alistar novos habitadores; mas tu insolentemente elevado, transtornando o direito dos prognósticos, fizeste marchar para Castelnúcio uma colônia, para onde se havia levado outra poucos anos antes, para veres ali arvorado o teu estandarte, para cortares aqueles arredores com o arado, com cuja relha quase roçaste as portas de Cápua, diminuindo deste modo o território de uma tão florescente colônia. Tendo assim confundido os direitos sagrados, voaste a Cassino, dando sobre as terras de M. Varrão, homem santíssimo e integérrimo; com que direito? Com que cara o fizeste? Com a mesma, dirás, com que invadias herdades de L. Rúbrio, os prédios de L. Tursélio, e inumeráveis outras propriedades. Se o fizeste como inventariante, valha o inventário, valham os registros de César, e não os teus; aqueles com que devias fazer, e não aqueles com que te libertaste. Quem dirá que a terra de Varrão no Cassino foi vendida? Quem presenciou esta almoeda? Quem ouviu a voz do pregoeiro? Dizes que mandaras a Alexandria quem a comprasse a César; sim, porque esperar que ele dali voltasse era coisa que custava muito. Quem ouviu nunca que dos bens de Varrão se desviasse coisa alguma? Ninguém houve que tivesse quem tanto se interessasse pelo seu bem. E que dirás se constar que César te escreveu, para que lhos desses? Há expressões em que caiba semelhante desaforo? Desvia um pouco essas espadas que estamos vendo, e conhecerás que quem te fez senhor desses bens, mais é o teu atrevimento do que a venda de César, pois não só o proprietário te desapossaria deles, mas qualquer seu amigo, hóspede ou procurador.

41. E que avultado número de dias não gastou ele naquela quinta com a maior infância! Desde as nove horas da manhã se entrava a beber, a jogar e a vomitar! Infelizes casas! Que diferente dono é o que agora tendes! Posto que não sei como lhe podemos chamar dono; mas enfim quanto dessemelhante era quem as possuía! M. Varrão as teve por gabinete dos seus estudos, e não por lupanar de torpezas. Que era que naquela quinta se dizia, meditava e escrevia? Os direitos do povo romano, os antigos monumentos, todas as noções da ciência e doutrina; mas depois que tu foste o seu inquilino (porque dono o não és) tudo atroavam vozes de beberrões, os pavimentos se viam nadando em vinhos, as paredes molhadas, os meninos nobres metidos com rapazes dissolutos, e as mães de família entre más mulheres. Ali o vinham visitar os de Aquino e Interana; a ninguém se concedia entrada; e com razão, porque com um homem desonestíssimo não podiam ter lugar as atenções de honra. Quando dali partiu para Roma, chegando a Aquino, (por ser município populosíssimo) lhe saiu ao encontro um grande número de gente; porém ele atravessou a cidade metido em uma liteira coberta, como se fosse morto. Obraram nesciamente, mas alfim ficavam no caminho. E que fizeram os de Anágnia? Com estarem desviados, o vieram buscar para o cumprimentar, como se fosse cônsul; não é coisa crível, mas foi corrente entre todos, que a ninguém saudou; advertindo que iam com ele dois de Anágnia, a saber, Mustela e Lacon, um dos quais é capataz dos gladiadores, e o outro dos bebedores. Para que mencionarei aqueles seus ameaços e afrontas, com que ultrajou os sidicinos? Vexou os de Puzzolo, por se terem posto debaixo da proteção de C. Cássio e dos Brutos; por certo que com muito juízo, afeto, benevolência e amor; e não com violência e armas, como se sujeitaram à tua, à de Basílio, e à de outros tais como vós, de quem ninguém quer ser patrono, quanto mais escolher por patrono.

42. Que glorioso dia para teu colega, aquele em que na tua ausência mandou abater na praça aquele busto que costumavas venerar; com cuja notícia, segundo consta dos que te assistiam então, te caiu o coração aos pés; o que depois sucedeu eu não o sei; entendo que o temor e as armas foram móveis de tudo. Por certo que derrubaste de uma eminente glória a teu colega, fazendo que se parecesse contigo, mas também fizeste que fosse diferente de si mesmo. E que tornada foi a tua a Roma? Que confusão a de toda a cidade? Lembrados estávamos do desmarcado poder de Cina, do despotismo de Sila,

e de ver a César reinando; talvez havia ali armas, mas andavam escondidas; porém que barbaridade houve tão enorme como a de marchar escoltado de um esquadrão cerrado com espadas e broquéis, e vermos passar liteiras carregadas de escudos; mas há tanto tempo que, costumamos ver isso, Padres Conscritos, que já estamos calejados. Querendo eu ir ao Senado nas calendas de janeiro, como estava determinado, possuído de temor, me pus logo em fugida. Mas ele, que não precisava do Senado, nem desejava que ninguém fosse a ele, se alegrou com a minha retirada, e incontinente obrou logo aquelas suas pasmosas façanhas. Sendo quem por interesse seu particular defendera as assinaturas de César, prolongou o tempo de governo das províncias, e, sendo quem devia ser defensor das Atas de César, rescindiu as ordenações públicas e particulares de César. Em matérias públicas, nenhuma há mais grave que a lei, nem mais firme, nas particulares, que o testamento. As leis, umas, aboliu-as sem as promulgar, outras as promulgou para as extinguir depois da promulgação. Anulou os testamentos, que sempre tiveram vigor, ainda sendo dos mais ordinários cidadãos. As estátuas e quadros que César deixou ao povo em legado junto com as quintas, uns transportou para os jardins de Pompeu, outros para a casa de campo de Cipião.

43. Pretendes mostrar-te zeloso em honrar a memória de César, e que o amas depois de morto? Que maior honra podia ele conseguir do que teu altar, simulacro, dossel e sacerdote? Não é M. Antônio sacerdote do deus Júlio, assim como outros o são de Júpiter, Marte e Rômulo? Por que razão pois não vais por diante? Por que não dás princípio? Elege dia, cuida em buscar quem te consagre; companheiros fomos, ninguém repugnará. Abominável homem; tanto por sacerdote de um tirano, como de um defunto. Pergunto mais: não sabes que dia é hoje? Ignoras que foi ontem o quarto dia nos jogos romanos no circo? E que tu mesmo propuseste ao povo que se celebrasse quinto dia em honra de César? Por que motivo consentimos se omita a honra que concedeste à César pela tua lei? Por que sofres tanto, que, multiplicando-se as preces, se profane um dia tão solene? Não quiseste se venerasse a sua estátua? Ou lhe concedes todas as honras divinas, ou lhe não dás nenhumas. Perguntar-me-ás se é do meu beneplácito que tenha altar, dossel e sacerdote? Digo, por certo, que nada disso me agrada. Mas tu, que defendes as Atas de César, que razão podes dar de manter umas, e não fazer caso de outras? Talvez queiras nisto confessar que tudo medes pelo teu interesse, e não pelo

seu merecimento? Que respondes enfim a isto? Esperando estou pela tua eloqüência; conheci a de teu avô, homem eloqüentíssimo; mas tu ainda falas com mais clareza; ele nunca orou nu; e nós te vimos com peito de homem simples. Hás de dar a isto resposta? Ou terás a ousadia de abrir a boca? Que poderás achar nesta minha oração a que creias que possas responder?

44. Mas deixemos o passado; defende este único dia, este único, digo, dia de hoje, este único instante em que falo; por que motivo está o Senado rodeado de gente armada? Por que razão me estão ouvindo teus beleguins com as espadas nuas? Por que não estão abertas as portas ao Templo da Concórdia? Por que introduzes no Foro homens de todas as nações e particularmente itireanos armados com flechas? Diz que é para segurança da sua pessoa; e porventura não vale mais morrer mil vezes do que não poder viver na própria cidade sem escolta de gente armada? Mas crê o que digo: esta segurança não vale de nada; deves andar resguardado com o amor e a benevolência dos cidadãos e não com as armas. Tudo isto te tirará e arrancará a força do povo romano. Deus queira que seja ficando nós vivos; mas de qualquer modo que te hajas conosco, enquanto usares desses conselheiros, crê-me que não durarás muito. Não faltam ao povo romano homens a quem entregar o leme da República; onde quer que eles estejam, ali está toda a fortaleza da República, ou, para melhor dizer, a mesma República que até agora só se vingou, mas não restabeleceu. Muitos mancebos nobilíssimos têm por certo a República, prontos a defendê-la; retirem-se eles quanto quiserem com o intento da paz, que sem embargo disto a República os trará, para que a socorram. Mui suave é o nome de paz, e esta em si mui saudável, porém há grande diferença entre a paz e a escravidão; a paz é liberdade tranqüila, a escravidão o derradeiro de todos os males, que se deve repelir não só com a guerra, mas com a morte. E se aqueles nossos libertadores se ausentaram da nossa vista, contudo na sua ação nos deixaram o exemplo, fazendo o que ninguém fizera. Bruto declarou guerra a Tarquínio, com ser este rei, quando era lícito havê-lo em Roma. Sp. Cássio, Sp. Mélio, e M. Mânlio foram mortos, por se suspeitar que aspiravam a ser reis; estes são os primeiros que acometeram não a um homem que apetecia reinar, mas que atualmente reinava, cuja ação, além de ser ilustre e divina, nos está proposta por modelo, principalmente tendo eles conseguido uma glória que parece não cabe no céu, pois ainda que na própria consciência tenham o

prêmio de tão gentil obra, contudo me persuado que um mortal não deve desprezar a imortalidade.

45. Lembra-te, pois, M. Antônio, daquele dia em que aboliste a dignidade de ditador; põe diante dos olhos a alegria do Senado e do povo romano; compara isto com essa sofreguidão com que tu e os teus juntam dinheiro, e acabarás de entender a diferença que há entre a glória e as riquezas. Mas assim como há pessoas que, por causa de algum achaque ou estupor dos sentidos, não sentem a suavidade dos manjares, assim os lascivos, avarentos e facinorosos não acham gosto na glória verdadeira. E se os aplausos te não podem excitar a obrar bem, nem sequer o temor te poderá retrair de tão infames obras? Não temes os juízos dos homens? Se é por te achares inocente, eu te louvo; se por te confiares em forças, como não entendes o que deve temer quem desse modo não teme os juízos? E se não temes os sujeitos de valor, e cidadãos ilustres, porque as armas os impedem chegar a tua pessoa, crê-me que os teus mesmos te não sofrerão muito tempo; que vida é, pois, temer um homem dos seus mesmos de dia e de noite? Salvo se tu os tens obrigado com maiores mercês do que César a alguns daqueles que o mataram ou tu tens com ele alguma comparação. Nele havia talento, discurso, memória, literatura, atenção, vigilância, expedição; obrou na guerra muitas coisas, ainda que calamitosas à República, contudo grandes. Projetou reinar muitos anos; concluiu o que meditara com grandes trabalhos e perigos; afagou a multidão ignorante com donativos, com edifícios públicos, com medalhas e com banquetes; obrigou os seus com prêmios, e os adversários com uma semelhança de clemência. Para que dizer mais? Ora sofrendo, ora atemorizando, tinha já introduzido nesta cidade o costume de servir.

46. No apetite de dominar bem te posso comparar com ele, porém no demais não tens nenhuma comparação. Mas entre tantos males, como ele fez à República, este bem se encontra já ter aprendido o povo romano: quanto se deve fiar de cada um, a quem se há de entregar, e de quem se há de acautelar. Não consideras pois nisto? Não entendes que para homens de valor lhes basta ter aprendido por experiência quão gentil em si, agradável pela utilidade e gloriosa pelo crédito é a ação de matar um tirano? Porventura quando a ele o não sofreram, hão de tolerar-te a ti? Crê-me que daqui em diante à competência correrão a executar esta empresa, sem esperar as demoras da ocasião. Olha, te peço, Antônio, para a República, considera de

quem nasceste, não com quem vives; a mim trata-me como quiseres, a República congraçando-te com ela. Mas de ti verás tu o que hás de fazer; quanto a mim, confessarei publicamente que defendi a República quando moço, e não hei de desampará-la sendo já velho; que desprezei as armas de Catilina, e não temerei as tuas, antes com toda boa vontade oferecerei o corpo, se com a minha morte se puder recobrar a liberdade de Roma. Praza a Deus que enfim a mágoa do povo romano rompa no que já rompeu. Se há vinte anos disse neste mesmo templo que o varão consular não podia ter morte apressada, com quanta mais verdade o direi de velho. Padres Conscritos, depois de me gozar do que tenho conseguido e obrado, só me resta desejar a morte. Duas coisas unicamente apeteço: primeira que, em morrendo, fique o povo romano em sua liberdade, esta a maior mercê que me podem conceder os deuses imortais; segunda, que o fim de cada um seja conforme ao seu merecimento para com a República.

❖

PERFIL BIOGRÁFICO

O autor e sua obra

Busto de Cícero, em mármore, arte romana. (Galeria dos Ofícios, Florença, Itália.)

A atuação pública de Cícero, que uniu a reflexão filosófica à ação política, sobretudo em defesa dos princípios da República, exerceu grande influência em uma fase crucial da história de Roma.

Considerado o maior orador romano, Marco Túlio Cícero nasceu em Arpino, a cerca de cem quilômetros a leste de Roma, em 106 a.C. De família abastada, educou-se em Roma, onde recebeu esmerada instrução, própria dos futuros senadores. Um ambiente culto possibilitou-lhe o conhecimento de poesia, retórica e direito, e logo manifestou dotes intelectuais e uma especial predisposição para a filosofia. A formação intelectual de Cícero estendeu-se até os trinta anos de idade e incluiu uma permanência de dois anos na Grécia.

De volta a Roma, ele iniciou a carreira política, assumindo em 75 a.C. o cargo de questor na Sicília ocidental. Quando se tornou pretor urbano, em 66 a.C., adotou decididamente a defesa das instituições tradicionais e assumiu a liderança dos representantes da aristocracia no Senado — os quais, no entanto, nunca o aceitaram, por sua origem provinciana — contra as tentativas da reforma feita pelo partido "popular". Triunfalmente eleito cônsul em 63 a.C., enfrentou a conjuração de Catilina, seu rival derrotado, que pretendia tomar à força o poder. Foi essa a origem das famosas *Catilinárias*, série de discursos que Cícero pronunciou no Senado e que levaram à execução dos conspiradores; Catilina, que fugiu, morreu em combate pouco tempo depois.

A partir de 61 a.C., a política de Cícero, que havia obtido enorme êxito, começou a ser atacada em virtude de sua oposição ao triunvirato formado por Crasso, César e Pompeu. Cícero foi obrigado a exilar-se e, ao voltar, o que se deu graças à intervenção de seu amigo Pompeu, já não gozava da influência de antes. Nessa época, em que adotou atitudes políticas contraditórias, escreveu suas principais obras de filosofia política, concebidas em forma de diálogos: *De legibus* (*Das leis*) e, sobretudo, *De republica* (*Da república*), onde defendia os ideais republicanos, embora admitisse a necessidade de líderes dotados de decisão e autoridade pessoal. Pertence ao mesmo período o tratado de eloqüência *De oratore* (*Do orador*).

Em 51 a.C. Cícero ausentou-se de Roma para governar a província da Cilícia, na Anatólia, onde permaneceu um ano. Quando voltou, César e Pompeu estavam envolvidos na luta pelo poder absoluto, que culminaria com a vitória do primeiro. Durante os anos seguintes, Cícero, embora não aprovasse a ditadura de César, não a atacou publicamente e dedicou esforços à elaboração de textos poéticos, conservados fragmentariamente, e de tratados filosóficos e religiosos. Entre estes cabe destacar *Paradoxa* (*Os paradoxos*) e *De natura deorum* (*Da natureza dos deuses*), nos quais mostrava um pensamento eclético e mais propenso à análise do que à defesa de posturas concretas. A mesma intenção se observa em seus escritos sobre moral, como *De officis* (*Dos deveres*). De qualquer forma, essas obras foram decisivas para a transformação do saber helênico.

Em 44 a.C., depois da morte de César, Cícero retornou brilhantemente à atividade política com suas famosas *Filípicas*, assim chamadas em alusão ao título dos discursos de Demóstenes contra Filipe II da Macedônia. Nessas exposições, reaparecia com toda sua força o espírito da República ante as tentativas de Marco Antônio — que se apresentava como herdeiro de César — de impor sua autoridade ao Senado. A posterior aliança de Marco Antônio com Otávio e Lépido fez de Cícero o primeiro opositor que era necessário eliminar e ele foi capturado e morto perto de Gaeta em 7 de dezembro de 43 a.C.

Embora tenha sido às vezes acusado de ambigüidade em suas

opiniões políticas, sem dúvida Cícero observou com lucidez as transformações que se operavam na sociedade romana, tendo sido muitas vezes obrigado a adotar posturas públicas que o desagradavam a fim de salvaguardar, na medida do possível, as instituições republicanas. Sua farta correspondência, embora carente de isenção em determinadas questões, revela um profundo sentido ético e constitui valiosíssimo documento sobre aqueles agitados anos.

❖

Sumário

Prefácio 5
Introdução 13
Catilinária I 27
Catilinária II 39
Catilinária III 51
Catilinária IV 63
Ao povo romano depois que voltou ao desterro 77
Filípica I 89
Filípica II 101
Perfil biográfico 137

❖

O OBJETIVO, A FILOSOFIA E A MISSÃO DA EDITORA MARTIN CLARET

O principal objetivo da Martin Claret é contribuir para a difusão da educação e da cultura, por meio da democratização do livro, usando os canais de comercialização habituais, além de criar novos.

A filosofia de trabalho da Martin Claret consiste em produzir livros de qualidade a um preço acessível, para que possam ser apreciados pelo maior número possível de leitores.

A missão da Martin Claret é conscientizar e motivar as pessoas a desenvolver e utilizar o seu pleno potencial espiritual, mental, emocional e social.

O livro muda as pessoas. Revolucione-se: leia mais para ser mais!

MARTIN CLARET

Relação dos Volumes Publicados

1. **Dom Casmurro**
   Machado de Assis
2. **O Príncipe**
   Maquiavel
3. **Mensagem**
   Fernando Pessoa
4. **O Lobo do Mar**
   Jack London
5. **A Arte da Prudência**
   Baltasar Gracián
6. **Iracema / Cinco Minutos**
   José de Alencar
7. **Inocência**
   Visconde de Taunay
8. **A Mulher de 30 Anos**
   Honoré de Balzac
9. **A Moreninha**
   Joaquim Manuel de Macedo
10. **A Escrava Isaura**
    Bernardo Guimarães
11. **As Viagens - "Il Milione"**
    Marco Polo
12. **O Retrato de Dorian Gray**
    Oscar Wilde
13. **A Volta ao Mundo em 80 Dias**
    Júlio Verne
14. **A Carne**
    Júlio Ribeiro
15. **Amor de Perdição**
    Camilo Castelo Branco
16. **Sonetos**
    Luís de Camões
17. **O Guarani**
    José de Alencar
18. **Memórias Póstumas de Brás Cubas**
    Machado de Assis
19. **Lira dos Vinte Anos**
    Alvares de Azevedo
20. **Apologia de Sócrates / Banquete**
    Platão
21. **A Metamorfose/Um Artista da Fome/Carta a Meu Pai**
    Franz Kafka
22. **Assim Falou Zaratustra**
    Friedrich Nietzsche
23. **Triste Fim de Policarpo Quaresma**
    Lima Barreto
24. **A Ilustre Casa de Ramires**
    Eça de Queirós
25. **Memórias de um Sargento de Milícias**
    Manuel Antônio de Almeida
26. **Robinson Crusoé**
    Daniel Defoe
27. **Espumas Flutuantes**
    Castro Alves
28. **O Ateneu**
    Raul Pompeia
29. **O Noviço / O Juiz de Paz da Roça / Quem Casa Quer Casa**
    Martins Pena
30. **A Relíquia**
    Eça de Queirós
31. **O Jogador**
    Dostoiévski
32. **Histórias Extraordinárias**
    Edgar Allan Poe
33. **Os Lusíadas**
    Luís de Camões
34. **As Aventuras de Tom Sawyer**
    Mark Twain
35. **Bola de Sebo e Outros Contos**
    Guy de Maupassant
36. **A República**
    Platão
37. **Elogio da Loucura**
    Erasmo de Rotterdam
38. **Caninos Brancos**
    Jack London
39. **Hamlet**
    William Shakespeare
40. **A Utopia**
    Thomas More
41. **O Processo**
    Franz Kafka
42. **O Médico e o Monstro**
    Robert Louis Stevenson
43. **Ecce Homo**
    Friedrich Nietzsche
44. **O Manifesto do Partido Comunista**
    Marx e Engels
45. **Discurso do Método / Regras para a Direção do Espírito**
    René Descartes
46. **Do Contrato Social**
    Jean-Jacques Rousseau
47. **A Luta pelo Direito**
    Rudolf von Ihering
48. **Dos Delitos e das Penas**
    Cesare Beccaria
49. **A Ética Protestante e o Espírito do Capitalismo**
    Max Weber
50. **O Anticristo**
    Friedrich Nietzsche
51. **Os Sofrimentos do Jovem Werther**
    Goethe
52. **As Flores do Mal**
    Charles Baudelaire
53. **Ética a Nicômaco**
    Aristóteles
54. **A Arte da Guerra**
    Sun Tzu
55. **Imitação de Cristo**
    Tomás de Kempis
56. **Cândido ou o Otimismo**
    Voltaire
57. **Rei Lear**
    William Shakespeare
58. **Frankenstein**
    Mary Shelley
59. **Quincas Borba**
    Machado de Assis
60. **Fedro**
    Platão
61. **Política**
    Aristóteles
62. **A Viuvinha / Encarnação**
    José de Alencar
63. **As Regras do Método Sociológico**
    Émile Durkheim
64. **O Cão dos Baskervilles**
    Sir Arthur Conan Doyle
65. **Contos Escolhidos**
    Machado de Assis
66. **Da Morte / Metafísica do Amor / Do Sofrimento do Mundo**
    Arthur Schopenhauer
67. **As Minas do Rei Salomão**
    Henry Rider Haggard
68. **Manuscritos Econômico-Filosóficos**
    Karl Marx
69. **Um Estudo em Vermelho**
    Sir Arthur Conan Doyle
70. **Meditações**
    Marco Aurélio
71. **A Vida das Abelhas**
    Maurice Materlinck
72. **O Cortiço**
    Aluísio Azevedo
73. **Senhora**
    José de Alencar
74. **Brás, Bexiga e Barra Funda / Laranja da China**
    Antônio de Alcântara Machado
75. **Eugênia Grandet**
    Honoré de Balzac
76. **Contos Gauchescos**
    João Simões Lopes Neto
77. **Esaú e Jacó**
    Machado de Assis
78. **O Desespero Humano**
    Sören Kierkegaard
79. **Dos Deveres**
    Cícero
80. **Ciência e Política**
    Max Weber
81. **Satíricon**
    Petrônio
82. **Eu e Outras Poesias**
    Augusto dos Anjos
83. **Farsa de Inês Pereira / Auto da Barca do Inferno / Auto da Alma**
    Gil Vicente
84. **A Desobediência Civil e Outros Escritos**
    Henry David Toreau
85. **Para Além do Bem e do Mal**
    Friedrich Nietzsche
86. **A Ilha do Tesouro**
    R. Louis Stevenson
87. **Marília de Dirceu**
    Tomás A. Gonzaga
88. **As Aventuras de Pinóquio**
    Carlo Collodi
89. **Segundo Tratado Sobre o Governo**
    John Locke
90. **Amor de Salvação**
    Camilo Castelo Branco
91. **Broquéis/Faróis/ Ultimos Sonetos**
    Cruz e Souza
92. **I-Juca-Pirama / Os Timbiras / Outros Poemas**
    Gonçalves Dias
93. **Romeu e Julieta**
    William Shakespeare
94. **A Capital Federal**
    Arthur Azevedo
95. **Diário de um Sedutor**
    Sören Kierkegaard
96. **Carta de Pero Vaz de Caminha a El-Rei Sobre o Achamento do Brasil**
97. **Casa de Pensão**
    Aluísio Azevedo
98. **Macbeth**
    William Shakespeare

99. **Édipo Rei/Antígona**
    Sófocles
100. **Luciola**
    José de Alencar
101. **As Aventuras de Sherlock Holmes**
    Sir Arthur Conan Doyle
102. **Bom-Crioulo**
    Adolfo Caminha
103. **Helena**
    Machado de Assis
104. **Poemas Satíricos**
    Gregório de Matos
105. **Escritos Políticos / A Arte da Guerra**
    Maquiavel
106. **Ubirajara**
    José de Alencar
107. **Diva**
    José de Alencar
108. **Eurico, o Presbítero**
    Alexandre Herculano
109. **Os Melhores Contos**
    Lima Barreto
110. **A Luneta Mágica**
    Joaquim Manuel de Macedo
111. **Fundamentação da Metafísica dos Costumes e Outros Escritos**
    Immanuel Kant
112. **O Príncipe e o Mendigo**
    Mark Twain
113. **O Domínio de Si Mesmo pela Auto-Sugestão Consciente**
    Emile Coué
114. **O Mulato**
    Aluísio Azevedo
115. **Sonetos**
    Florbela Espanca
116. **Uma Estadia no Inferno / Poemas / Carta do Vidente**
    Arthur Rimbaud
117. **Várias Histórias**
    Machado de Assis
118. **Fédon**
    Platão
119. **Poesias**
    Olavo Bilac
120. **A Conduta para a Vida**
    Ralph Waldo Emerson
121. **O Livro Vermelho**
    Mao Tsé-Tung
122. **Oração aos Moços**
    Rui Barbosa
123. **Otelo, o Mouro de Veneza**
    William Shakespeare
124. **Ensaios**
    Ralph Waldo Emerson
125. **De Profundis / Balada do Cárcere de Reading**
    Oscar Wilde
126. **Crítica da Razão Prática**
    Immanuel Kant
127. **A Arte de Amar**
    Ovídio Naso
128. **O Tartufo ou O Impostor**
    Molière
129. **Metamorfoses**
    Ovídio Naso
130. **A Gaia Ciência**
    Friedrich Nietzsche
131. **O Doente Imaginário**
    Molière
132. **Uma Lágrima de Mulher**
    Aluísio Azevedo
133. **O Último Adeus de Sherlock Holmes**
    Sir Arthur Conan Doyle
134. **Canudos - Diário de Uma Expedição**
    Euclides da Cunha
135. **A Doutrina de Buda**
    Siddharta Gautama
136. **Tao Te Ching**
    Lao-Tsé
137. **Da Monarquia / Vida Nova**
    Dante Alighieri
138. **A Brasileira de Prazins**
    Camilo Castelo Branco
139. **O Velho da Horta/Quem Tem Farelos?/Auto da India**
    Gil Vicente
140. **O Seminarista**
    Bernardo Guimarães
141. **O Alienista / Casa Velha**
    Machado de Assis
142. **Sonetos**
    Manuel du Bocage
143. **O Mandarim**
    Eça de Queirós
144. **Noite na Taverna / Macário**
    Álvares de Azevedo
145. **Viagens na Minha Terra**
    Almeida Garrett
146. **Sermões Escolhidos**
    Padre Antonio Vieira
147. **Os Escravos**
    Castro Alves
148. **O Demônio Familiar**
    José de Alencar
149. **A Mandrágora / Belfagor, o Arquidiabo**
    Maquiavel
150. **O Homem**
    Aluísio Azevedo
151. **Arte Poética**
    Aristóteles
152. **A Megera Domada**
    William Shakespeare
153. **Alceste/Electra/Hipólito**
    Eurípedes
154. **O Sermão da Montanha**
    Huberto Rohden
155. **O Cabeleira**
    Franklin Távora
156. **Rubáiyát**
    Omar Khayyám
157. **Luzia-Homem**
    Domingos Olímpio
158. **A Cidade e as Serras**
    Eça de Queirós
159. **A Retirada da Laguna**
    Visconde de Taunay
160. **A Viagem ao Centro da Terra**
    Júlio Verne
161. **Caramuru**
    Frei Santa Rita Durão
162. **Clara dos Anjos**
    Lima Barreto
163. **Memorial de Aires**
    Machado de Assis
164. **Bhagavad Gita**
    Krishna
165. **O Profeta**
    Khalil Gibran
166. **Aforismos**
    Hipócrates
167. **Kama Sutra**
    Vatsyayana
168. **O Livro da Jângal**
    Rudyard Kipling
169. **De Alma para Alma**
    Huberto Rohden
170. **Orações**
    Cícero
171. **Sabedoria das Parábolas**
    Huberto Rohden
172. **Salomé**
    Oscar Wilde
173. **Do Cidadão**
    Thomas Hobbes
174. **Porque Sofremos**
    Huberto Rohden
175. **Einstein: o Enigma do Universo**
    Huberto Rohden
176. **A Mensagem Viva do Cristo**
    Huberto Rohden
177. **Mahatma Gandhi**
    Huberto Rohden
178. **A Cidade do Sol**
    Tommaso Campanella
179. **Setas para o Infinito**
    Huberto Rohden
180. **A Voz do Silêncio**
    Helena Blavatsky
181. **Frei Luís de Sousa**
    Almeida Garrett
182. **Fábulas**
    Esopo
183. **Cântico de Natal/ Os Carrilhões**
    Charles Dickens
184. **Contos**
    Eça de Queirós
185. **O Pai Goriot**
    Honoré de Balzac
186. **Noites Brancas e Outras Histórias**
    Dostoiévski
187. **Minha Formação**
    Joaquim Nabuco
188. **Pragmatismo**
    William James
189. **Discursos Forenses**
    Enrico Ferri
190. **Medeia**
    Eurípedes
191. **Discursos de Acusação**
    Enrico Ferri
192. **A Ideologia Alemã**
    Marx & Engels
193. **Prometeu Acorrentado**
    Ésquilo
194. **Iaiá Garcia**
    Machado de Assis
195. **Discursos no Instituto dos Advogados Brasileiros / Discurso no Colégio Anchieta**
    Rui Barbosa
196. **Édipo em Colono**
    Sófocles
197. **A Arte de Curar pelo Espírito**
    Joel S. Goldsmith
198. **Jesus, o Filho do Homem**
    Khalil Gibran
199. **Discurso sobre a Origem e os Fundamentos da Desigualdade entre os Homens**
    Jean-Jacques Rousseau
200. **Fábulas**
    La Fontaine
201. **O Sonho de uma Noite de Verão**
    William Shakespeare

202. **Maquiavel, o Poder**
     José Nivaldo Junior

203. **Ressurreição**
     Machado de Assis

204. **O Caminho da Felicidade**
     Huberto Rohden

205. **A Velhice do Padre Eterno**
     Guerra Junqueiro

206. **O Sertanejo**
     José de Alencar

207. **Gitanjali**
     Rabindranath Tagore

208. **Senso Comum**
     Thomas Paine

209. **Canaã**
     Graça Aranha

210. **O Caminho Infinito**
     Joel S. Goldsmith

211. **Pensamentos**
     Epicuro

212. **A Letra Escarlate**
     Nathaniel Hawthorne

213. **Autobiografia**
     Benjamin Franklin

214. **Memórias de Sherlock Holmes**
     Sir Arthur Conan Doyle

215. **O Dever do Advogado / Posse de Direitos Pessoais**
     Rui Barbosa

216. **O Tronco do Ipê**
     José de Alencar

217. **O Amante de Lady Chatterley**
     D. H. Lawrence

218. **Contos Amazônicos**
     Inglês de Souza

219. **A Tempestade**
     William Shakespeare

220. **Ondas**
     Euclides da Cunha

221. **Educação do Homem Integral**
     Huberto Rohden

222. **Novos Rumos para a Educação**
     Huberto Rohden

223. **Mulherzinhas**
     Louise May Alcott

224. **A Mão e a Luva**
     Machado de Assis

225. **A Morte de Ivan Ilicht / Senhores e Servos**
     Leon Tolstói

226. **Álcoois e Outros Poemas**
     Apollinaire

227. **Pais e Filhos**
     Ivan Turguêniev

228. **Alice no País das Maravilhas**
     Lewis Carroll

229. **À Margem da História**
     Euclides da Cunha

230. **Viagem ao Brasil**
     Hans Staden

231. **O Quinto Evangelho**
     Tomé

232. **Lorde Jim**
     Joseph Conrad

233. **Cartas Chilenas**
     Tomás Antônio Gonzaga

234. **Odes Modernas**
     Antero de Quental

235. **Do Cativeiro Babilônico da Igreja**
     Martinho Lutero

236. **O Coração das Trevas**
     Joseph Conrad

237. **Thais**
     Anatole France

238. **Andrômaca / Fedra**
     Racine

239. **As Catilinárias**
     Cícero

240. **Recordações da Casa dos Mortos**
     Dostoiévski

241. **O Mercador de Veneza**
     William Shakespeare

242. **A Filha do Capitão / A Dama de Espadas**
     Aleksandr Púchkin

243. **Orgulho e Preconceito**
     Jane Austen

244. **A Volta do Parafuso**
     Henry James

245. **O Gaúcho**
     José de Alencar

246. **Tristão e Isolda**
     Lenda Medieval Celta de Amor

247. **Poemas Completos de Alberto Caeiro**
     Fernando Pessoa

248. **Maiakóvski**
     Vida e Poesia

249. **Sonetos**
     William Shakespeare

250. **Poesia de Ricardo Reis**
     Fernando Pessoa

251. **Papéis Avulsos**
     Machado de Assis

252. **Contos Fluminenses**
     Machado de Assis

253. **O Bobo**
     Alexandre Herculano

254. **A Oração da Coroa**
     Demóstenes

255. **O Castelo**
     Franz Kafka

256. **O Trovejar do Silêncio**
     Joel S. Goldsmith

257. **Alice na Casa dos Espelhos**
     Lewis Carrol

258. **Miséria da Filosofia**
     Karl Marx

259. **Júlio César**
     William Shakespeare

260. **Antônio e Cleópatra**
     William Shakespeare

261. **Filosofia da Arte**
     Huberto Rohden

262. **A Alma Encantadora das Ruas**
     João do Rio

263. **A Normalista**
     Adolfo Caminha

264. **Pollyanna**
     Eleanor H. Porter

265. **As Pupilas do Senhor Reitor**
     Júlio Diniz

266. **As Primaveras**
     Casimiro de Abreu

267. **Fundamentos do Direito**
     Léon Duguit

268. **Discursos de Metafísica**
     G. W. Leibniz

269. **Sociologia e Filosofia**
     Émile Durkheim

270. **Cancioneiro**
     Fernando Pessoa

271. **A Dama das Camélias**
     Alexandre Dumas (filho)

272. **O Divórcio / As Bases da Fé / e outros textos**
     Rui Barbosa

273. **Pollyanna Moça**
     Eleanor H. Porter

274. **O 18 Brumário de Luís Bonaparte**
     Karl Marx

275. **Teatro de Machado de Assis**
     Antologia

276. **Cartas Persas**
     Montesquieu

277. **Em Comunhão com Deus**
     Huberto Rohden

278. **Razão e Sensibilidade**
     Jane Austen

279. **Crônicas Selecionadas**
     Machado de Assis

280. **Histórias da Meia-Noite**
     Machado de Assis

281. **Cyrano de Bergerac**
     Edmond Rostand

282. **O Maravilhoso Mágico de Oz**
     L. Frank Baum

283. **Trocando Olhares**
     Florbela Espanca

284. **O Pensamento Filosófico da Antiguidade**
     Huberto Rohden

285. **Filosofia Contemporânea**
     Huberto Rohden

286. **O Espírito da Filosofia Oriental**
     Huberto Rohden

287. **A Pele do Lobo / O Badejo / o Dote**
     Artur Azevedo

288. **Os Bruzundangas**
     Lima Barreto

289. **A Pata da Gazela**
     José de Alencar

290. **O Vale do Terror**
     Sir Arthur Conan Doyle

291. **O Signo dos Quatro**
     Sir Arthur Conan Doyle

292. **As Máscaras do Destino**
     Florbela Espanca

293. **A Confissão de Lúcio**
     Mário de Sá-Carneiro

294. **Falenas**
     Machado de Assis

295. **O Uraguai / A Declamação Trágica**
     Basílio da Gama

296. **Crisálidas**
     Machado de Assis

297. **Americanas**
     Machado de Assis

298. **A Carteira de Meu Tio**
     Joaquim Manuel de Macedo

299. **Catecismo da Filosofia**
     Huberto Rohden

300. **Apologia de Sócrates**
     Platão (Edição bilingue)

301. **Rumo à Consciência Cósmica**
     Huberto Rohden

302. **Cosmoterapia**
     Huberto Rohden

303. **Bodas de Sangue**
     Federico García Lorca

304. **Discurso da Servidão Voluntária**
     Étienne de La Boétie

305. **Categorias**
 Aristóteles
306. **Manon Lescaut**
 Abade Prévost
307. **Teogonia / Trabalho e Dias**
 Hesíodo
308. **As Vítimas-Algozes**
 Joaquim Manuel de Macedo
309. **Persuasão**
 Jane Austen
310. **Agostinho** - *Huberto Rohden*
311. **Roteiro Cósmico**
 Huberto Rohden
312. **A Queda dum Anjo**
 Camilo Castelo Branco
313. **O Cristo Cósmico e os Essênios** - *Huberto Rohden*
314. **Metafísica do Cristianismo**
 Huberto Rohden
315. **Rei Édipo** - *Sófocles*
316. **Livro dos Provérbios**
 Salomão
317. **Histórias de Horror**
 Howard Phillips Lovecraft
318. **O Ladrão de Casaca**
 Maurice Leblanc

Série Ouro
(Livros com mais de 400 p.)

1. **Leviatã**
 Thomas Hobbes
2. **A Cidade Antiga**
 Fustel de Coulanges
3. **Crítica da Razão Pura**
 Immanuel Kant
4. **Confissões**
 Santo Agostinho
5. **Os Sertões**
 Euclides da Cunha
6. **Dicionário Filosófico**
 Voltaire
7. **A Divina Comédia**
 Dante Alighieri
8. **Ética Demonstrada à Maneira dos Geômetras**
 Baruch de Spinoza
9. **Do Espírito das Leis**
 Montesquieu
10. **O Primo Basílio**
 Eça de Queirós
11. **O Crime do Padre Amaro**
 Eça de Queirós
12. **Crime e Castigo**
 Dostoiévski
13. **Fausto**
 Goethe
14. **O Suicídio**
 Émile Durkheim
15. **Odisseia**
 Homero
16. **Paraíso Perdido**
 John Milton
17. **Drácula**
 Bram Stocker
18. **Ilíada**
 Homero
19. **As Aventuras de Huckleberry Finn**
 Mark Twain
20. **Paulo – O 13º Apóstolo**
 Ernest Renan
21. **Eneida**
 Virgílio
22. **Pensamentos**
 Blaise Pascal
23. **A Origem das Espécies**
 Charles Darwin
24. **Vida de Jesus**
 Ernest Renan
25. **Moby Dick**
 Herman Melville
26. **Os Irmãos Karamazovi**
 Dostoiévski
27. **O Morro dos Ventos Uivantes**
 Emily Brontë
28. **Vinte Mil Léguas Submarinas**
 Júlio Verne
29. **Madame Bovary**
 Gustave Flaubert
30. **O Vermelho e o Negro**
 Stendhal
31. **Os Trabalhadores do Mar**
 Victor Hugo
32. **A Vida dos Doze Césares**
 Suetônio
33. **O Moço Loiro**
 Joaquim Manuel de Macedo
34. **O Idiota**
 Dostoiévski
35. **Paulo de Tarso**
 Huberto Rohden
36. **O Peregrino**
 John Bunyan
37. **As Profecias**
 Nostradamus
38. **Novo Testamento**
 Huberto Rohden
39. **O Corcunda de Notre Dame**
 Victor Hugo
40. **Arte de Furtar**
 Anônimo do século XVII
41. **Germinal**
 Émile Zola
42. **Folhas de Relva**
 Walt Whitman
43. **Ben-Hur — Uma História dos Tempos de Cristo**
 Lew Wallace
44. **Os Maias**
 Eça de Queirós
45. **O Livro da Mitologia**
 Thomas Bulfinch
46. **Os Três Mosqueteiros**
 Alexandre Dumas
47. **Poesia de Álvaro de Campos**
 Fernando Pessoa
48. **Jesus Nazareno**
 Huberto Rohden
49. **Grandes Esperanças**
 Charles Dickens
50. **A Educação Sentimental**
 Gustave Flaubert
51. **O Conde de Monte Cristo (Volume I)**
 Alexandre Dumas
52. **O Conde de Monte Cristo (Volume II)**
 Alexandre Dumas
53. **Os Miseráveis (Volume I)**
 Victor Hugo
54. **Os Miseráveis (Volume II)**
 Victor Hugo
55. **Dom Quixote de La Mancha (Volume I)**
 Miguel de Cervantes
56. **Dom Quixote de La Mancha (Volume II)**
 Miguel de Cervantes
57. **As Confissões**
 Jean-Jacques Rousseau
58. **Contos Escolhidos**
 Artur Azevedo
59. **As Aventuras de Robin Hood**
 Howard Pyle